H0178650

Geschichten vom
Bauernhof

Von Ingrid Annel

Mit Illustrationen von
Sonja Rörig

Schwager & Steinlein

© Schwager & Steinlein Verlag GmbH
Emil-Hoffmann-Straße 1, 50996 Köln
Geschichten von Ingrid Annel
Illustrationen von Sonja Rörig
Kapitelbilder von Anne Suess
Vignetten Fond Cover: © bOBAN - Fotolia.com
Redaktion: Lisa Pertagnol
Alle Rechte vorbehalten

www.schwager-steinlein-verlag.de

Inhalt

Frühling

Ein Traktor für Linus

Wenn Linus gefragt wird, was er sich zum Geburtstag wünscht, antwortet er mit leuchtenden Augen: „Einen richtigen, echten Traktor." Und wenn er seinen Wunschzettel malt für Weihnachten, dann ist schon vorher klar, was darauf zu sehen sein wird: ein Traktor. Groß, grün, mit mächtigen Reifen und gelben Felgen.

Zu jeder passenden Gelegenheit bekommt Linus einen Traktor geschenkt. Er hat Spielzeugtraktoren in allen Größen und Farben. Aus Holz, aus Kunststoff, aus Metall. Zwei Traktoren sind so groß, dass er sich draufsetzen und damit durch die Gegend fahren kann. Einer hat Pedale an den Seiten, bei dem anderen ist ein Motor eingebaut. Wenn Linus auf den Startknopf drückt, beginnt es im Inneren des Schleppers so laut zu knattern und zu rattern, dass die Hühner auf dem Hof erschrocken auf- und davonrennen.

Linus freut sich über jeden neuen Traktor für seine Sammlung. Inzwischen gehören auch Modelle von alten Traktoren dazu, sogar ein Dampftraktor ist dabei. Diese kleinen Fahrzeuge sind so wertvoll, dass Linus sie nur ganz vorsichtig in die Hand nimmt und dann behutsam ins Regal zurückstellt. Zum Spielen sind die viel zu schade. Manchmal schlägt ihm sein Papa vor, er könne bald ein Traktorenmuseum eröffnen. Dann lacht Linus und sagt: „Später vielleicht. Erst möchte ich einen richtigen, echten, großen Traktor haben. Den wünsche ich mir unbedingt zum nächsten Geburtstag. Und nicht wieder nur einen Spielzeugtraktor!"

Als Linus an seinem siebenten Geburtstag morgens sehr früh aufwacht, schlafen seine Eltern noch tief und fest. Linus schleicht barfuß ins Wohnzimmer, um sich die Geschenke auf seinem Geburtstagstisch anzuschauen. Ein Blumenstrauß steht dort, frisch aus dem Garten. Mama hat einen Marmorkuchen gebacken und sieben kleine Kerzen in den Zuckerguss gesteckt. Schokolade gibt es und

eine Tüte mit Gummifröschen, gelb-grün geringelte Socken, ein Spiel mit dem seltsamen Namen „Limwula" und ein Buch mit Bauernhofgeschichten.

Linus greift nach dem Buch und blättert darin. Die zehn Geschichten wird er später lesen. Jetzt schaut er sich erst einmal alle Bilder an, mit Tieren darauf und Kindern in seinem Alter. Und Traktoren! Sein Lieblingstraktor ist auch dabei, grün mit gelben Felgen. Am liebsten würde Linus in das Buch hineingreifen und sich den Traktor aus dem Bild herausholen. Aber das geht natürlich nicht. Linus klappt das Buch zu und legt es auf den Tisch zurück.

Da fällt ihm auf, dass er dieses Jahr gar keinen Traktor bekommen hat. Nicht mal eins von den kleinen Modellen, die er so mag. Zwar hatte er oft genug verkündet, er möchte diesmal endlich, endlich einen großen Traktor haben und nicht wieder nur einen Spielzeugtraktor. Aber so ernst war das nun auch wieder nicht gemeint.

Linus ist enttäuscht. Er grübelt, was der Grund dafür sein könnte. Vielleicht haben seine Eltern nur vergessen, den Geburtstags-Traktor zu den anderen Geschenken zu stellen. Oder sie haben es nicht mehr geschafft, rechtzeitig einen zu besorgen. Vielleicht fahren sie nachher gemeinsam in die Stadt und in den Spielzeugladen, damit er sich selbst einen aussuchen kann. Heute ist Samstag, da muss er ja nicht in die Schule. Sie könnten also gleich nach dem Frühstück losfahren.

Mit diesem Gedanken tröstet sich Linus. Und weil er nun einmal wach ist und sowieso nicht mehr einschlafen kann, deckt er den Frühstückstisch. Damit sie nachher umso schneller starten können. Und dann wartet er. Und wartet.

Endlich kommen Mama, Papa und Sofie aus ihren Zimmern.
Alle drei umarmen Linus und gratulieren ihm zum Geburtstag.
Als Linus nur „Hm" antwortet, weil er seine Enttäuschung
noch immer nicht überwunden hat, sagt sein Papa: „Linus, wir
haben eine ganz besondere Überraschung für dich. Aber die
gibt es erst nach dem Frühstück."

„Was ist es denn?", fragt Linus.

„Mein großer, kluger Junge! Du weißt genau, dass es nachher
keine Überraschung mehr ist, wenn ich es dir jetzt schon verrate.
Also gedulde dich."

Das ist leicht gesagt. Aber ganz schwer auszuhalten. Linus ist so zappelig und aufgeregt, dass ihm beinahe die Tasse mit der Milch umkippt. Und von seinem Brötchen kleckert die Marmelade auf das Tischtuch herab.

Wie froh ist er, als Mama nicht schimpft, sondern tröstend abwinkt: „Ach, nicht so schlimm. Die kann wieder gewaschen werden."

Linus schafft heute nur ein halbes Brötchen. Dann erklärt er: „Ich bin fertig. Ich kann nicht mehr. Zeigt ihr mir jetzt die Überraschung?"

Sofie bittet: „Lass uns wenigstens zu Ende frühstücken. Ich bin mindestens so neugierig wie du."

„Das kann gar nicht sein. Ich halte es nicht mehr aus. Verratet mir wenigstens ein kleines bisschen, was die Überraschung ist", bettelt Linus.

Doch er muss das Ticken der Küchenuhr noch eine endlos lange Weile ertragen, ehe Papa die erlösenden Worte spricht: „In fünf Minuten ist Abfahrt, bitte alle beeilen."

„Also fahren wir doch zum Spielzeugladen. Wie ich es mir gedacht habe", überlegt Linus und reibt sich vergnügt die Hände. Doch schon Augenblicke später wundert er sich sehr. Papa biegt nicht auf die Straße ab, die in die Stadt führt. Er lenkt das Auto auf die Straße zum Nachbardorf.

„Aber warum ...", ruft Linus. Die Enttäuschung steht ihm deutlich ins Gesicht geschrieben.

„Überraschung!", ruft Papa und zwinkert ihm fröhlich zu. Schon haben sie das Nachbardorf erreicht. Am Ortsausgang biegen sie auf einen Weg ab, der zu einer großen Verkaufshalle führt. Jetzt wird Linus noch zappeliger vor Aufregung. Er weiß, dass hier Landmaschinen verkauft werden, Mähdrescher, Häcksler, Ballenpressen. Und Traktoren.

Die sind viel spannender als die kleinen Spielzeugtraktoren. Linus springt aus dem Auto und bestaunt die unterschiedlichen Trecker. Einen entdeckt er, der ihm besonders gefällt: groß, grün und mit gelben Felgen. Linus bleibt davor stehen, als

wollte er hier für alle Zeiten Wurzeln schlagen. Er vergisst
sogar seinen kleinen Geburtstagskummer.

Papa legt Linus die Hand auf die Schulter und sagt: „Bitte sehr,
dein Geburtstagsgeschenk. Gestern heimlich gekauft."
„Aber ..." Mehr bringt Linus nicht über die Lippen.
Da geht sein sehnlichster Wunsch in Erfüllung, doch er kann
es gar nicht glauben. Er versucht es noch einmal:
„Ich darf erst in neun Jahren allein damit fahren.
Wir können so einen tollen Traktor aber nicht
neun Jahre in der Scheune stehen lassen. Der muss
arbeiten, muss raus aufs Feld."

„Das soll er auch", erklärt Papa. „Und trotzdem soll es deiner sein.
Immer, wenn ich ihn brauche, werde ich ihn mir bei dir
ausborgen. Und ich werde dich fragen, ob du mitfahren willst.
Du darfst sogar ein bisschen lenken, wenn wir auf dem Feld sind."
„Versprochen?"
„Versprochen. Und jetzt wollen wir ihm einen Namen geben.
Den darfst du aussuchen."
Linus muss gar nicht lange überlegen, da ruft er auch schon:
„Flitze-Frosch!"
Sofie sagt: „Klingt gut." Mama und Papa gefällt der Name ebenfalls.

„Und nun, liebes Geburtstagskind", sagt Papa, „fahren Mama und Sofie mit dem Auto zurück, wir dagegen mit dem Traktor. Steig ein!"

Schneller noch, als ihm der Name eingefallen ist, klettert Linus in die Fahrerkabine hinauf. Papa steigt hinterher und startet den Motor. „Das klingt gut", jubelt Linus. Knatternd verlässt der Trecker die Fahrzeughalle, fährt zum Tor hinaus, biegt auf die Straße. Und nun beginnt die schönste Fahrt, die Linus in seinem ganzen bisherigen Leben unternommen hat. Wie ein Kapitän auf seinem Schiff fühlt er sich. Von seinem Sitz hoch oben im Traktor schaut Linus weit über die Felder und Wiesen und möchte am liebsten der ganzen Welt zuwinken.

Ein Hof voller Lieblingstiere

Zu Beginn der Zeichenstunde sagt Frau Jenning: „Erzählt mir doch mal, welches Tier euer Lieblingstier ist." Sofort sind alle Finger oben, jedes Kind will als Erstes dran sein.

Tine darf anfangen und sagt freudestrahlend: „Ich mag Pinguine."

„Och, das wollte ich auch sagen", maulen Frido und Alina.

„Na, dann sagt's doch", ermuntert Frau Jenning die beiden.

Da rufen sie wie aus einem Mund: „Pinguin!"

„Weiter", bittet Frau Jenning.

„Giraffe", antwortet Stefan.

„Mein Meerschweinchen", sagt Verena.

„Meine Katze", ruft der wilde Tibor.

„Ich mag Löwen", sagt Betti, die Kleinste aus der Klasse. Elefanten, Hunde, Pferde werden genannt.

Manche Kinder können sich gar nicht entscheiden und zählen
mehrere auf, Zebras, Delfine, Mäuse, Seehunde sind dabei.
Nur Mareike meldet sich nicht.
„Na, Mareike, verrätst du uns auch dein Lieblingstier?", fragt
Frau Jenning.
Mareike bleibt stumm. Sie ringt mit sich, ob sie antworten soll
oder nicht. Also ermuntert die Lehrerin sie noch einmal:
„Es gibt bestimmt ein Tier, das dir besonders gut gefällt, oder?"
Da gibt sich Mareike einen Ruck und sagt: „Ich mag Ziegen."
Und nun geschieht genau das, was Mareike befürchtet hat:
Die ganze Klasse lacht schallend los. Als wäre ihre Antwort
der beste Witz aller Zeiten.
Konrad, der direkt vor Mareike sitzt, dreht
sich zu ihr um und sagt: „Klar, dass du
Ziegen magst. Bist ja selber eine."
Einige Kinder lachen so, dass es wie
Ziegengemecker klingt. Mareike
steigen Tränen in die Augen.
Hätte sie bloß nichts gesagt!

Frau Jenning ist erschrocken
darüber, wie gehässig
manche Kinder sind. Sie
fordert augenblicklich
Ruhe.

Dann will sie von Konrad wissen: „Was hast du gegen Ziegen?
Hast du schon mal richtige, echte Ziegen erlebt? Oder kennst
du das Wort nur als Schimpfwort?"
Konrad weiß gar nicht so recht, was er antworten soll. Eigentlich
hat er nichts gegen Ziegen. Und dass er Mareike als Ziege
bezeichnet hat, sollte ein Spaß sein. Aber für Mareike war das
kein Spaß. Also dreht er sich noch einmal zu ihr um und sagt:
„Entschuldigung. War nicht so gemeint."
Mareike nickt stumm. Doch so schnell ist der Kummer nicht
verflogen.

Frau Jenning erklärt, wie es nun weitergeht in der Zeichenstunde: „Jeder bekommt ein farbiges Blatt Papier, die Farbe dürft ihr euch aussuchen. Dann nehmt ihr eure Wachsstifte und malt euer Lieblingstier."

Mareike beugt sich über ihr Blatt und beginnt, ihre Lieblingsziege zu malen. Sie muss nur kurz die Augen schließen, schon sieht sie Selma vor sich, auf dem Bauernhof ihres Onkels. Sie sieht in Gedanken, wie Selma Gras rupft. Oder wie sie überall hochklettern will. Oder wie sie sich streicheln lässt.

Mareike öffnet die Augen und zeichnet die nächsten Striche aufs Blatt. Und mit jedem Strich wird die Ziege auf dem Papier lebendiger. Fast sieht sie aus wie die echte Selma.

Und während Mareike eifrig an ihrem Bild arbeitet, vergisst sie allmählich den Kummer von vorhin.

Am Ende der Stunde schauen sich die Kinder gemeinsam die fertigen Bilder an. Eine lustige Tierparade ist das geworden. Aber schnell wird allen klar: Das schönste Bild hat Mareike gemalt.

Sie hat ein schwarzes Blatt gewählt, weil darauf das Fell der Ziege besonders weiß strahlt. Das Gras sieht aus, als sei es frisch auf der regennassen Wiese gewachsen. Und die Ziege wirkt so lebendig, als wollte sie im nächsten Augenblick vom Zeichenblatt herunter und mitten ins Klassenzimmer springen.

Bei manchen Kindern, die vorhin noch laut gelacht haben, erwacht heimlich der Wunsch, auch mal eine Ziege in den Arm zu nehmen.

Frau Jenning lobt alle Bilder. Aber zu Mareike sagt sie: „Deine Ziege ist nun auch mein Lieblingstier."

In der nächsten Woche ist Wandertag. Frau Jenning verrät nicht, wohin der Ausflug diesmal gehen soll. Sie sagt nur vorher an: „Feste Schuhe anziehen, keine schicken Kleider, keine hellen Hosen. Und zu essen müsst ihr nichts mitbringen."

Die Kinder fangen an zu rätseln und versuchen, Frau Jenning auszufragen. Doch die sagt nur: „Lasst euch überraschen."

Am Wandertag treffen sich die Kinder vor der Schule. Obwohl
die Klasse vollzählig versammelt ist, will Frau Jenning nicht
loswandern. Sie bleibt einfach vor der Schule stehen. Und verrät
immer noch nichts. Da biegt ein großer Bus um die Ecke.
Die Türen öffnen sich, der Busfahrer ruft: „Hereinspaziert,
die Herrschaften."
Los geht die Fahrt. Frau Jenning verrät immer noch nichts.
Aber das macht nichts, denn jetzt gibt es genug zu sehen.
Der Bus fährt zur Stadt hinaus, ein Stück über die Autobahn,
dann biegt er ab. Fährt über eine schmale Landstraße, durch
ein paar Dörfer hindurch. Bis er in einem Dorf anhält.
„Ausflug aufs Dorf! Das ist ja mal eine tolle Überraschung!",
mault Hannes.
„Wir müssen noch ein paar Schritte laufen, dann gibt's die
Überraschung", sagt Frau Jenning und biegt in eine
schmale Gasse ein.

Die Kinder folgen ihr. Es geht ein Stück bergan, dann stehen sie vor einem großen Gehöft. Am Eingang hängt ein Schild: „Ziegenhof am Sonnenhang".

„Ich glaub's nicht", stöhnt Hannes.

„Egal, was du glaubst oder nicht glaubst, komm einfach mit", sagt Frau Jenning in bester Laune. Sie öffnet die Hoftür und ruft: „Willkommen im Paradies!"

Kaum haben die Kinder den Hof betreten, kommt ein junger Mann auf sie zu und sagt: „Hallo, ich bin Jost. Willkommen in unserem Ziegenparadies. Ich zeige euch den Hof. Ihr kommt übrigens genau richtig, gleich werden die Ziegen gemolken. Wenn ihr ganz leise seid, dürft ihr eine Weile zuschauen."

Jost führt die Kinder in kleinen Gruppen in den Stall. Manche halten sich die Nase zu und flüstern: „Es stinkt." Doch bald haben sie das vergessen.

Neugierig bestaunen sie die vielen Ziegen im Melkstand. Während die Tiere genüsslich ihr Futter kauen, wird mit Melkmaschinen die Milch aus ihren Eutern gesaugt.

Als alle Kinder wieder draußen versammelt sind, fragt Lena: „Und was wird mit der Milch gemacht?"

„Ja, was macht man mit Milch?", gibt Jost die Frage zurück an die Kinder.

„Trinken?", meint Paul vorsichtig. Doch allein bei dem Gedanken daran schüttelt es ihn.

„Ja, trinken", sagt Jost und lacht, als sich jetzt auch die anderen Kinder schütteln. „Hat noch niemand von euch Ziegenmilch getrunken?", wundert er sich.

Mareike zögert kurz, dann meldet sie sich und sagt: „Doch, ich. Ich habe sie sogar schon selbst gemolken."

„Oh, eine Kollegin", sagt Jost und schüttelt Mareike die Hand.

„Dann können wir zwei jetzt gemeinsam etwas über Ziegenkäse erzählen. Dort drüben ist unsere Käseküche. Bitte alle mitkommen."

Die Kinder werfen einen Blick in einen hellen, kühlen Raum, in dem die Milch zu Käse verarbeitet wird.

Dann zeigt Jost ihnen das Lager, in dem der Käse heranreift, bis er verkauft werden kann.

„Und jetzt geht's zum Streichelgehege", sagt Jost.

„Die Mutigen unter euch dürfen zu den Zicklein hinein und können mit ihnen spielen. Ihr dürft sie streicheln, in den Arm nehmen und sogar füttern. Aber nur mit dem Futter aus der Futterstation. Und wer sich nicht traut, der kann sich in der Scheune austoben. Dort haben wir aus Stroh eine Kletterlandschaft aufgeschichtet. Ihr könnt hoch hinauf klettern und euch hinab ins Stroh stürzen."

Alle Kinder drängen sich erst einmal um das Gehege mit den Zicklein. Die sind noch ganz klein, neugierig und verspielt. Sofort schieben sie ihre kleinen Schnauzen durch den Zaun, um die Kinder nach Futter zu beschnüffeln.

Mareike ist die Erste, die die schmale Tür des Geheges öffnet und hineingeht. Ganz schnell klappt sie die Tür hinter sich zu. „He, willst du uns nicht reinlassen?", fragt Vincent. „Doch, kommt nur rein, aber die Tür schnell wieder schließen. Ziegen sind Weltmeister im Ausreißen. Sie nutzen jede Gelegenheit, um auszubüxen."

Nach und nach kommen alle Kinder ins Gehege. Lange schmusen sie mit den Zicklein, füttern sie, jagen ihnen hinterher, wenn sie auf die großen, aufgetürmten Steine klettern. Doch irgendwann meldet sich bei allen der Hunger.

„Auf ins Hofcafé, dort wartet euer Essen", sagt Frau Jenning. Es gibt frisches Brot aus der Hofbäckerei und dazu ganz viel Käse in den unterschiedlichsten Sorten.

„Hier kommt noch das Eis zum Nachtisch", verkündet Frau Jenning und hilft Jost beim Austeilen. Die Kinder löffeln begeistert ihre Becher leer und möchten am liebsten Nachschlag.

„Na, wie hat es geschmeckt, unser Eis aus Ziegenmilch?", fragt Jost und grinst über beide Ohren.

„Ziegenmilcheis? Ich glaub's nicht!", ruft Hannes.

„Glaub's nur", entgegnet Jost. „Und wer möchte, darf jetzt Ziegenmilch kosten."

Die meisten nippen vorsichtig einen winzigen Schluck. Doch dann können sie gar nicht genug davon bekommen. Bis sie sehr, sehr satt sind.

Viel zu schnell vergeht der Tag. Die Kinder spielen abwechselnd mit den Zicklein und toben im Stroh. Sie möchten sich gar nicht verabschieden, aber der Bus wartet schon auf die Heimfahrt.

„Ihr könnt gern wieder herkommen, unsere Zicklein mögen Besuch", sagt Jost zum Abschied.

Frau Jenning darf sich während der Heimfahrt immer wieder anhören, wie schön dieser Tag war. Und dass alle Kinder jetzt auch gern so ein Zicklein hätten.

Da zwinkert Frau Jenning Mareike zu. Mareike zwinkert vergnügt zurück.

Die Abenteuer eines Katers

Kater Josef lebt auf dem Hof der Bäuerin Berta Knoll. Den ganzen Tag ist er unterwegs. Er streunt durch die Ställe, über Weiden und Felder, durchs Haus und durch den Garten. Überall ist er willkommen. Die Tiere mögen ihn. Von ihm hören sie, was es Neues auf dem Bauernhof gibt. Den Gänsen berichtet er, wie es den Ziegen geht. Den Ziegen teilt er mit, dass bei den Pferden Nachwuchs erwartet wird. Und den Pferden erzählt er, dass Henne Isolde heute ein ganz besonderes Ei gelegt hat. Eins mit Mustern darauf.

„Mit Mustern?", wiehern die Pferde und wundern sich.

„Das gab's noch nie. Das ist ja nicht zu glauben."

„Na, ich glaube das auch nicht wirklich. Vielleicht hat mich Isolde beschwindelt. Man weiß ja nie bei diesen Hühnern! Gackern den ganzen Tag. Und wenn ihnen nichts mehr einfällt, was sie noch erzählen können, denken sie sich eben etwas aus. Nur damit sie weitergackern können. Gezeigt hat sie mir das Ei jedenfalls nicht.

Angeblich hat es Berta Knoll schon
eingesammelt."
Schon wandert Kater Josef weiter in den
Schafstall. Berta hat ein paar Schafe, aus
deren Milch sie sehr leckeren Käse
zubereitet. Und oft genug
bekommt Josef ein Schälchen Milch
extra. So auch heute.
Berta streicht dem Kater über
das weiche Fell und sagt: „Du gibst
keine Milch, du legst keine Eier.
Du kannst auch keinen schweren
Karren ziehen wie mein Pferd Gustav.
Und doch bin ich froh, dass es dich gibt.
Hier, nimm!"
Genüsslich schleckt Josef die Schale leer.
Dann maunzt er und streicht Berta schnurrend
um die Beine. Das ist seine Art, sich bei ihr zu
bedanken.

Nun trollt sich Kater Josef zu den Schweinen, die in ihrem Auslauf in der Erde wühlen. Denen will er heute zeigen, wie man sich ordentlich säubert. Der Kater stellt sich mitten zwischen die Schweine und reckt seinen Schwanz in die Höhe. Das bedeutet: Achtung, alle mal herschauen! Ohne ein Wort der Erklärung setzt er sich hin und fängt an, sich gründlich zu säubern. Stück für Stück putzt er sich das Fell, wischt mit den Pfoten hinter den Ohren entlang, leckt auch die Pfoten gründlich sauber.

Die Schweine schauen amüsiert zu. „Sieht gut aus, wie du das machst", sagt Schwein Specki. „Für uns wäre das nichts. Wir könnten uns niemals so elegant abschlecken."

Schon lachen alle Schweine und suhlen sich vergnügt in der Pfütze, die noch vom letzten Regen übrig geblieben ist. „Macht, was ihr wollt. Ich mache auch, was ich will", meint Josef und wandert weiter zu den Enten.

Mit denen kann er sich immer gut unterhalten, die haben viel zu schnattern. Heute sind sie in Aufbruchstimmung: „Josef, grüß dich! Wir watscheln zum Teich, unser Nachwuchs darf heute das erste Mal aufs Wasser. Komm mit, wir bringen dir auch gleich das Schwimmen bei."
Der Kater muss nur an kaltes Wasser denken, da schüttelt es ihn. Aber weil er noch eine Weile bei den Enten bleiben möchte, folgt er der kleinen Schar.

Die Entenmutter watschelt vorneweg, ihre Küken folgen ihr, genau eins nach dem anderen. „Hehe, Enten im Gänsemarsch, das gefällt mir. Wieso sagt eigentlich niemand Entenmarsch dazu?", überlegt Josef und lacht. Eins der Küken will zur Seite ausbüxen. Mama Ente bemerkt es nicht. Ihr Blick ist fest auf den im Sonnenlicht funkelnden See gerichtet. Sie kann es kaum abwarten, ihren Nachwuchs mit dem Wasser vertraut zu machen.

Zum Glück hat der Kater den kleinen Ausreißer bemerkt, er scheucht ihn zurück in die Reihe. Und nun läuft Josef immer um die Entenschar herum, wie ein Schäferhund um die Schafherde.

Kaum sind sie am Teich angelangt, hüpfen die Entenkinder ins Wasser, als hätten sie ihr Leben lang nichts anderes getan. Die Entenmutter sieht Kater Josef am Seeufer sitzen und ruft ihm zu: „Das Wasser ist gar nicht kalt. Nun sei kein Frosch und komm rein!"

Der Kater hält mal kurz seine Pfote ins Wasser und schüttelt sich
wieder. Nein, das ist nichts für ihn. Er ruft Mama Ente zu:
„Ich bin kein Frosch. Und deshalb komme ich nicht.
Bin ein Kater und möchte einer bleiben."

Dann trollt er sich erhobenen Hauptes und überlässt
die Enten ihrem Badevergnügen. Sollen sie plantschen.
Er braucht das nicht, er ist längst sauber.

Und nun? Wen hat er heute noch nicht besucht? Die Kühe! Wie es ihnen wohl gehen mag? Josef wandert zur Weide. Die Kühe haben schon eine große Portion Gras gefuttert, jetzt ruhen sie in der Sonne und kauen das Gras noch einmal gründlich durch. Josef findet es spannend, wie die Kühe daliegen und unentwegt kauen. Einmal hat ein Kind, das an der Weide vorbeikam, seine Eltern gefragt: „Was kauen die Kühe die ganze Zeit? Haben sie Kaugummi im Maul? Kuh-Kaugummi?"

Wie gern hätte Josef dem Kind erklärt: „Kühe sind Wiederkäuer. Sie rupfen erst eine Menge Gras und packen das in ihren Magen hinein. Dann legen sie sich gemütlich hin, würgen alles wieder hoch und kauen es noch einmal gründlich durch." Aber Josef wusste, das Kind würde sein Maunzen nicht verstehen. Darum ließ er es bleiben.

Mit den Kühen konnte er im Moment nicht gut reden, die hatten ja das Maul voller Gras. Also erzählte er ihnen die neuesten Nachrichten vom Hof und vom ersten Bad der Entenkinder.

„Tschüss, und kaut schön. Ich hoffe auf süße Milch!", ruft er ihnen zum Abschied zu.

Dann stolziert er zum Hof zurück. Zeit, ein bisschen mit dem Hofhund zu plaudern. Genauer gesagt, mit der Hofhündin. Mit der versteht sich Josef besonders gut. Von wegen: wie Hund und Katz. Nein, die beiden hatten bisher nie einen Grund, sich zu streiten, sich anzufauchen oder anzubellen.

Doch was ist das? Als sich Josef der Hundehütte nähert, kommt Halka ihm nicht wie sonst entgegengesprungen, um ihn freudig zu begrüßen. Nanu, ist sie gar nicht da? Doch dann sieht der Kater Halka in der Hütte liegen. Schlapp und schwach. Nur mit Mühe hebt sie den Kopf, als Josef direkt vor ihr steht.

„Was ist mit dir, meine Liebe?", fragt Josef besorgt. Dass mit Halka etwas nicht stimmt, ist ihm sofort klar.

„Ach, irgendwie, ich weiß nicht, wie soll ich sagen, es geht mir nicht gut", antwortet Halka mit matter Stimme.

„Lass mal sehen", sagt Josef und betastet vorsichtig den Leib der Hündin. „Tut es hier weh? Oder hier?"

Aber egal, wo er drückt, immer stöhnt Halka und sagt:
„Ja, da auch."

Josef ist ratlos. „Bleib ganz ruhig liegen", sagt er zu Halka,
„ich hole Berta, die weiß bestimmt Rat."

Schon läuft er los und sucht Berta. Er findet sie im Garten, sie
will gerade frisches Gras für die Karnickel schneiden. Freudig
begrüßt sie ihren Kater und sagt: „Na, du Rumtreiber, willst
du mir helfen?"

Doch Kater Josef maunzt ganz aufgeregt und stupst Berta
immer wieder ans Bein. Bis sie begreift, dass er etwas
Wichtiges von ihr will. „Na gut, ich komm
ja schon. Geh du mal vorneweg", sagt sie
und folgt Josef.

Der führt sie eilig zur Hundehütte.
Berta bückt sich hinab zu
Halka und schaut sie
besorgt an: „Was ist mit dir,
geht's dir nicht gut?"

Die Hündin antwortet mit einem
kläglichen Winseln. Berta will sie aus
ihrer Hütte herauslocken. Aber Halka
reagiert gar nicht, sondern bleibt kraftlos
liegen.

„Danke, Josef, dass du mich geholt hast. Umso schneller kann Halka geholfen werden. Ich werde mit ihr zum Tierarzt fahren. Der findet heraus, warum es Halka nicht gut geht. Und du, mein Lieber, passt bitte in der Zwischenzeit auf den Hof auf. Einverstanden?"
Josef maunzt, legt sich in die Hundehütte und nimmt dort Halkas Platz ein. Er wird schon aufpassen. Berta trägt Halka behutsam zum Auto und legt sie auf eine weiche Decke.

„Was ist nun mit den Kaninchen?", überlegt Josef. „Die sollten doch gerade frisches Grünfutter bekommen. Ob sie schon sehr hungrig sind?"
Josef flitzt zum Kaninchenstall. Er kann kein Gras für die Kaninchen rupfen. Aber er kann sie für eine Weile beruhigen.
„He, ihr Langohren", ruft er ihnen zu, „Berta fährt mit Halka zum Arzt. Deshalb müsst ihr euch ein bisschen gedulden. Ich hoffe, euer Hunger ist noch nicht gar so groß."

Die Hasen antworten nicht. Sie reden nie mit Josef. Sie sagen nicht Muh und nicht Mäh. Aber sie mümmeln mit ihren Karnickelschnauzen.

„Ich sehe, ihr habt mich verstanden", sagt Josef. Und wieder mümmeln sie.

„Schönen Nachmittag noch", ruft er den Kaninchen zu, „ich muss jetzt auf den Hof aufpassen."

Und schon saust er zurück zur Hundehütte. Dort legt er sich hinein, an Halkas Stelle. Er hat alles genau im Blick. Es kann gar nichts passieren.

Eine Stunde später ist Berta zurück, und mit ihr Halka. Die Hündin läuft jetzt wieder allein die paar Schritte vom Auto zur Hundehütte, ist aber noch etwas schwach auf den Beinen. „Der Arzt hat ihr Tropfen gegeben, sie muss wohl etwas Falsches gefressen haben", erklärt Berta. „Sie braucht jetzt ausreichend Ruhe. Aber morgen wird alles wieder in Ordnung sein."

Josef rückt ein Stück zur Seite, damit sich Halka auf ihren Platz
legen kann. Dann sagt der Kater: „Ich bleibe heute bei dir.
Du passt auf den Hof auf, ich passe auf dich auf."
„Danke", sagt Halka. „Wie gut, dass es dich gibt."
Schon klappen ihre Augen zu, und sie fällt in einen
tiefen, erholsamen Schlaf.
„So viel habe ich heute erlebt",
spricht Kater Josef zu sich selbst.
„Auf einem Bauernhof ist eben
immer etwas los."

Emilias Lämmchen

Emilia sucht im Garten Ostereier,
Mama darf ein bisschen helfen.
„Und warum sucht Papa nicht mit?",
fragt Emilia.
„Weil er im Schafstall zu tun hat",
erklärt Mama.
„Heute ist doch Sonntag. Und Ostern.
Da könnte er mal für uns Zeit haben",
seufzt Emilia, die inzwischen ihren Korb
mit bunten Eiern gefüllt hat. Und während
sie weiter unter allen
Sträuchern sucht,
steht plötzlich Papa
neben ihr.

Er lächelt geheimnisvoll und sagt: „Komm mit, ich habe eine Osterüberraschung für dich."

Emilia drückt ihrer Mama den Korb in die Hand und stiefelt Papa hinterher, geradewegs zum Schafstall.

„Während du Ostereier gesucht hast, habe ich einem Lämmchen bei seinem Start ins Leben geholfen", erklärt Papa. „Du musst ganz leise sein."

„Weiß ich doch", flüstert Emilia.

Und da hat sie es auch schon entdeckt, das neugeborene Lämmchen. Rosig und feucht liegt es im Stroh.

„Schau mal, Papa, seine Mama leckt es trocken. Damit es nicht friert."

Emilia gefällt das kleine Lämmchen so gut, dass sie es am liebsten gleich in die Arme nehmen möchte. Aber darauf muss sie noch ein paar Tage warten. Und während sie es betrachtet, fällt ihr ein: „Das ist ja ein echtes Osterlämmchen. Wie wollen wir es nennen?"

„Such du einen passenden Namen aus", schlägt Papa vor.

„Ist es ein weibliches oder ein männliches Lamm?", fragt Emilia.

Sie fragt nicht, ob es ein Mädchen oder ein Junge ist, sie weiß genau, dass ein Schaf ein Schaf ist und kein Mädchen oder Junge.

„Es ist ein weibliches Lämmchen", sagt Papa.

„Dann soll es Finja heißen."

Kaum hat Mama Schaf das gehört, stupst sie ihr Lämmchen sanft an und blökt leise: „Hast du gehört? Sie möchten dich Finja nennen. Gefällt dir der Name?"

Das Lämmchen überlegt kurz und antwortet: „Finja klingt gut. Ich glaube, das passt zu mir."

Und dann ist Finja damit beschäftigt, ihre Umwelt zu entdecken. Direkt neben ihr, das ist Mama. Sie riecht so gut! Und sie schnuppert und leckt unentwegt an Finja. Das ist sehr angenehm

und kitzelt ein bisschen. Dann gibt es noch viele andere Schafe im Stall. Die sehen alle so aus wie Mama. Na, fast so schön. Und dort drüben steht das kleine Mädchen. Das sieht so anders aus als die Schafe. Aber sehr hübsch, findet Finja und staunt darüber, dass das Mädchen auf zwei Beinen stehen kann.

Finja will auch aufstehen. Sie erhebt sich von ihrem Strohlager und steht zum ersten Mal in ihrem Leben auf ihren vier Beinen. Ziemlich wacklig noch. Aber für den allerersten Versuch gar nicht schlecht.

Lange bleibt Emilia im Stall, um das kleine Wunder auf vier Beinen zu bestaunen. Und als das Lämmchen bei seiner Mutter Milch trinkt, fällt Emilia ein, dass auch sie Hunger hat. Auf leisen Sohlen schleicht sie aus dem Stall.

In den nächsten Wochen ist Emilia ständig im Schafstall und auf der Weide zu finden. Sie will ganz genau beobachten, wie so ein Schaf heranwächst. Denn sie träumt davon, später einmal Schäferin zu werden.

Auch die anderen Schafe der Herde haben Nachwuchs bekommen, und alle Lämmchen sind niedlich, findet Emilia. Aber Finja, das Osterlämmchen, hat sie besonders in ihr Herz geschlossen. Es fällt ihr gar nicht schwer, das kleine Schaf unter allen anderen zu erkennen. Ganz einfach deshalb, weil es sofort angesprungen kommt, wenn es Emilia entdeckt.

Finja ist neugierig. Sie beobachtet Emilia ganz genau. Es gefällt ihr, wie sanft und liebevoll das Mädchen mit allen Tieren spricht.

Abends, vor dem Schlafengehen, erzählt Emilia ihrer Mama ausführlich vom kleinen Schaf. Und bevor sich Finja schlafen legt, erzählt sie ihrer Mama von dem Mädchen und meint: „Emilia wird bestimmt eine gute Schäferin."

Als der Frühling zu Ende geht und die Tage wärmer werden, rückt eines Morgens Emilias Vater mit einer seltsamen kleinen Maschine im Schafstall an. Emilia folgt ihm. Sie spürt, dass die Schafe heute anders blöken als sonst, viel unruhiger. Ob sie wissen, was gleich passiert?

Auch Finja spürt diese Unruhe. Sie hört, wie die älteren Schafe einander zurufen: „Heute wird uns das Fell geschoren. Bald wird es Sommer, da brauchen wir unsere warmen Pelzmäntel nicht mehr."

Finja drängt sich neugierig nach vorn, zu Emilia und ihrem Papa. Als der seine kleine Maschine anschaltet und sie zu summen beginnt, wird es Finja etwas ängstlich zumute.

Emilias Papa nimmt ein Schaf in den Arm und schiebt ihm die
Maschine ins dichte Fell. Er hält das Tier gut fest und dreht es
hin und her, damit er die Wolle in einem Stück abscheren kann.
Ruck, zuck geht das. Dann steht das Schaf ohne Fell da. Und
schon ist das nächste Schaf dran.

Lämmchen Finja staunt und fragt seine Mama: „Was hat das zu
bedeuten? Tut das weh? Werde ich auch mein Fell verlieren?"
„Nein, das tut nicht weh, es summt und kitzelt nur ein bisschen.
Aber du darfst dein Fell behalten. Es muss noch zu einer dichten
Lockenpracht heranwachsen. Erst im nächsten Jahr bist du
dran mit dem Frisörbesuch. Dann bekommst du auch so einen
Sommerschnitt verpasst."

„Und was passiert mit dem Fell? Wird das weggeworfen?",
will Finja wissen.

„Aber nein, das ist sehr wertvoll. Schau dir mal die Menschen
genau an. Die haben nicht so ein prächtiges Fell wie wir, sondern
nur ein paar Haare auf dem Kopf. Das kann auch sehr hübsch
aussehen, wie bei Emilia. Weil aber die Menschen kein Fell haben,
das sie wärmt, müssen sie Kleider anziehen. In der warmen
Jahreszeit reicht so ein dünnes Kleidchen, wie Emilia es trägt.
Aber wenn es Winter wird ..."

„Was ist Winter?", unterbricht Finja Mamas Erklärung.

„Jetzt haben wir gerade noch Frühling. Bald kommt der Sommer mit warmen und heißen Tagen. Danach, im Herbst, wird es allmählich kälter draußen. Und im Winter wird es so kalt, dass wir gar nicht mehr auf die Weide gehen. Die liegt dann sowieso unterm Schnee versteckt."

„Und was ist Schnee?", fragt Finja.

Mama überlegt. Dann sagt sie: „Du wirst staunen, wenn du das erste Mal Schnee siehst. Schnee ist wie ein weiches, weißes Fell, mit dem sich die Erde zudeckt, damit sie nicht frieren muss."

„Arme Mama. Dann musst du ja im Winter frieren, wenn der Schäfer dir jetzt deinen warmen Pelzmantel auszieht", meint Lämmchen Finja besorgt.

„Aber nein", beruhigt es die Mutter. „Bis zum Winter ist das Fell wieder nachgewachsen. Schau dir Emilia an. Vor zwei Wochen waren ihre Haare strubbelkurz geschnitten. Jetzt sind sie schon wieder ein Stück länger. Genau so wächst unser Fell."

„Und was machen die Menschen mit unserem Fell?", fragt Finja weiter. „Ziehen sie es sich an, damit sie nicht frieren?"

„Vor langer Zeit haben die Menschen sich tatsächlich einfach nur ein Fell umgehängt. Aber heute machen sie das anders. Sie spinnen unsere Wolle zu langen Fäden. Und aus diesen Fäden stricken sie Pullover, Mützen, Handschuhe und dicke Socken. Emilias Papa kann stricken. Wenn er mit uns auf der Weide ist, packt er manchmal sein Strickzeug aus und strickt. Und bestimmt wird es Emilia diesen Sommer auch lernen."

Finja hört aufmerksam zu. Doch jetzt sagt Mama: „So, ich bin dran. Keine Angst, das geht schnell."

Finja schaut sich um. Da stehen schon etliche Schafe ohne Fell da. Waren die Schafe mit Fell noch wollig weich und mollig rund, so sehen die frisch geschorenen Schafe plötzlich sehr dünn aus. Irgendwie seltsam. Findet Finja.

Und als Mama Schaf ohne Lockenpracht vor ihr steht, muss sie sich erst an diesen Anblick gewöhnen.

Wie gut, dass Emilia zur Stelle ist. Sie scheint zu verstehen, was gerade in dem kleinen Schaf vor sich geht. Liebevoll nimmt sie es in den Arm und sagt: „Ja, ich weiß, Finja. Das sieht im ersten Moment nicht so schön aus. Aber es wächst alles wieder nach. Und wir brauchen die Wolle. Wir geben sie in eine Fabrik, in der euer flauschiges Fell zu Garn versponnen wird. Aber einen Teil der Wolle behalten wir für uns. Meine Oma hat noch ein altes Spinnrad, auf dem kann sie Wollfäden spinnen. Und daraus strickt sie mir Mützen und Handschuhe, damit ich nicht frieren muss."

Dann fällt Emilia noch etwas ein. Sie kramt in den Taschen ihres Kleides und holt ein kleines Filzschaf heraus. „Hier, schau mal, Finja, das habe ich selbst gefilzt. Rate mal, wie das kleine Schaf heißt."
Finja antwortet: „Bähä."

Emilia lacht und sagt: „Fast richtig geraten. Das kleine Schaf heißt Finja, genau wie du. Weil ich dich ja nachts nicht mit in mein Bett nehmen kann, habe ich es mir gebastelt. Und so bist du auch bei mir, wenn ich schlafe."
Das gefällt Finja.

Emilia erzählt weiter: „Filzen kann ich also schon. Und diesen Sommer zeigt mir Oma, wie man strickt. Nächstes Jahr, wenn dein Fell geschoren wird, werde ich darum bitten, dass ich deine Wolle bekomme. Daraus stricke ich mir einen Schal. Was sagst du dazu?"
„Gute Idee", meint Finja. Und wieder versteht Emilia nur: „Mähäbäh". Sie nimmt das Lämmchen in den Arm und sagt: „Wie schön, dass wir uns so gut verstehen, kleines Schaf."
Genau das gefällt Finja auch.

Sommer

Der doppelte Geburtstag

Jonas packt seinen Koffer. Er packt alles hinein, was er in den nächsten zwei Wochen braucht: Hosen, Pullover, Anorak, Gummistiefel und seine liebsten Schmusetiere.

Jonas' Mama wird in ein paar Tagen ein Baby bekommen. Wenn sie in die Klinik geht, wäre Jonas ganz allein zu Hause, denn der Papa muss oft bis abends arbeiten.
Deshalb fährt Jonas zu seinen Großeltern, dort wird er zwei Wochen bleiben. Oder auch etwas länger, je nachdem, wann das Baby auf die Welt kommen wird.

Jonas darf sogar allein mit dem Zug fahren, drei Stationen.
Dort erwarten ihn die Großeltern am Bahnhof.

„Willkommen in Grünfelden", ruft Oma, als Jonas aus dem Zug aussteigt.

„Wir sind heute mit dem Spezial-Taxi da", sagt Opa und zeigt auf die Pferdekutsche, die vor dem Bahnhof wartet. „Steig ein, mein Junge."

Gemächlich zockeln die beiden Pferde die Straße entlang. Jonas schaut sich um und entdeckt, was sich in Grünfelden alles verändert hat seit seinem letzten Besuch im Winter.

„Das ist viel schöner als Autofahren", meint Jonas. Und als Opa ihm die Zügel in die Hand drückt, strahlt er mit der Sonne am Himmel um die Wette.

Viel zu schnell ist die Kutschfahrt zu Ende. Die Pferde biegen in den Hof ein und halten an. Opa hebt den Koffer herunter, Jonas hilft Oma beim Aussteigen.

„Schau mal, da drüben auf dem Dach", sagt Opa zu Jonas.

„Wo?", fragt Jonas. „Was meinst du?"

„Dort oben! Unsere Sommergäste", sagt Oma und zeigt ebenfalls in die Richtung.

Da entdeckt Jonas das Storchennest auf dem Dach der Scheune. Und darauf sitzt ein Storch.

„Das ist der Klapperstorch", sagt Opa und zwinkert Jonas zu.

„Wollt ihr mir etwa erzählen, dass der mir einen Bruder bringt?", fragt Jonas und schaut seine Großeltern erstaunt an. Konnte es sein, dass sie das etwa glauben? „Sie sind ja schon ziemlich alt, mindestens fünfzig Jahre. Vielleicht fängt man dann an, wunderliche Sachen zu denken, die gar nicht stimmen", überlegt er.

„Aber nein, Jonas. So klug sind wir auch schon", protestiert Opa. „Der Storch hätte gar keine Zeit, Babys zu bringen. Die Storcheneltern haben genug mit ihrem eigenen Nachwuchs zu tun. Sie brüten gerade ihre Eier aus. Und sind die Storchenkinder geschlüpft, haben sie noch mehr zu tun."

54

„Woher willst du eigentlich wissen, dass du einen Bruder
bekommst?", wundert sich Oma. „Deine Mama hat uns
erzählt, dass sie beim Arzt nicht danach gefragt hat. Sie wollte
es nicht vorher wissen, sondern will sich überraschen lassen."
„Aber ich will einen Bruder", beharrt Jonas.
„Und was machst du, wenn es eine Schwester wird?", fragt Oma.
„Die kannst du doch nicht einfach umtauschen."
„Ja, ich weiß", seufzt Jonas. „Aber mit einer Schwester kann
ich nicht Fußball spielen."
Jetzt lachen Oma und Opa gemeinsam. „Sag mal, Jonas, du bist
ja viel altmodischer als wir. Egal ob es ein Bruder oder eine
Schwester wird, Fußball spielen geht doch mit beiden."
„Hm", brummelt Jonas und geht erst einmal seinen Koffer
auspacken. Danach gibt es
Omas weltbesten
Apfelkuchen.

Jonas isst ein Stück nach dem anderen und fragt zwischendurch, was es Neues auf dem Bauernhof gibt.

„Oh, uns stehen aufregende Tage bevor", sagt Opa. „Unsere Stute erwartet ein Fohlen. Es könnte jeden Tag so weit sein." Sofort wird es Jonas ganz kribbelig im Bauch vor Aufregung. Er würde nicht nur einen Bruder bekommen, sondern vielleicht auch ein eigenes Pferd!

Nach dem Kaffeetrinken geht Jonas in den Stall. Neben den beiden Pferden, die ihn vorhin vom Bahnhof abgeholt haben, steht die trächtige Stute und schaut ihn mit großen Augen an.

Dann begrüßt er noch die Hasen in ihren Ställen, die Hühner auf dem Hof und den Esel Erasmus auf der Weide.

Als Jonas ins Haus zurückkehrt, hört er seine Oma am Telefon: „Ja, er ist gut angekommen. Er ist doch schon ein großer Junge. Alles in Ordnung. Nein, ganz bestimmt wird es ihm nicht langweilig. Du weißt doch, wie sehr er die Tiere mag."

„Ist Mama dran?", fragt Jonas. Oma nickt und gibt ihm den Telefonhörer.

„Stell dir vor, Mama, hier gibt es auch bald eine Geburt. Ein kleines Fohlen kommt auf die Welt. Und wenn ich Oma und Opa sehr

darum bitte, darf es
vielleicht mein Fohlen
werden."
„Wollen mal sehen",
brummelt Opa im
Hintergrund.

In den nächsten Tagen
klingelt jeden Abend das
Telefon. Immer zu der
Zeit, wenn Papa von
der Arbeit nach Hause
kommt. Und immer
bekommt Jonas zu hören,
dass das Baby noch nicht da ist.
Oma meint augenzwinkernd zu Jonas: „Na,
sollen wir nicht doch mal die Störche fragen,
ob sie endlich ein Brüderchen besorgen wollen?"
„Oma", sagt Jonas und schaut seine Großmutter
streng an, „jetzt hör aber auf mit deinen Märchen. Mein Bruder
wächst in Mamas Bauch. Und wenn er groß genug ist, dann
kommt er auf die Welt."
„Hab schon verstanden, mein kluger Enkelsohn", sagt Oma.

Die Tage vergehen wie im Flug. Jonas hilft, wo er kann. Er besorgt frisches Grün für die Kaninchen, er hilft Opa dabei, die Schweine zu füttern. Nur der Stute kommt er nicht zu nahe. Sobald sich Jonas ihr auch nur zwei Schritte nähert, wird sie unruhig. Also bestaunt er sie aus einigem Abstand und stellt sich vor, wie es wohl aussehen wird, das neugeborene Fohlen.

Am Abend telefoniert er wieder mit Mama und Papa. Dann wünscht er ihnen noch eine gute Nacht, rollt sich in seinem Bett zusammen und schläft bald ein. Frische Luft macht ordentlich müde.

In der Nacht wacht er auf und bekommt einen Schreck. Die Großeltern reden aufgeregt miteinander. Jonas tappt barfuß aus seinem Zimmer und hört, wie Opa am Telefon sagt: „Beeilen Sie sich, das Fohlen möchte endlich auf die Welt kommen."

„Was ist mit dem Fohlen?",
fragt Jonas.
Opa dreht sich zu Jonas
um und sagt: „Nanu,
junger Mann, was machst
du denn hier, mitten in
der Nacht? Du solltest
dich lieber wieder
schlafen legen."
„Wenn das Fohlen jetzt
geboren wird, kann ich
sowieso nicht schlafen.
Ich ziehe mich ganz
schnell an und möchte
dabei sein."
„Na, dann fix. Gleich ist die
Tierärztin da. Sie wird aufpassen,
dass alles gut geht."

Kaum ist Jonas in seinem Zimmer verschwunden, steht er auch
schon wieder vor Opa. So schnell war Jonas noch nie fertig.
Er hat einfach nur Hose und Pullover über seinen Schlafanzug
gezogen.
Opa ermahnt ihn, ganz leise zu sein, denn so eine Geburt ist
eine anstrengende Sache.
„Klar", verspricht Jonas.

Da hält auch schon ein Auto vorm Haus, heraus steigt die
Tierärztin. Gemeinsam gehen alle in den Stall.

Die Stute wiehert ein bisschen ängstlich, aber die Ärztin redet
beruhigend auf sie ein. Sie untersucht das Pferd, um festzustellen,
wie weit die Geburt schon vorangeschritten ist.
„Es ist so weit", sagt sie und hilft mit ein paar Handgriffen der
Stute, ihr Fohlen zur Welt zu bringen.
Da liegt es nun, mit nassem Fell und großen Augen. Jonas ist
sofort in dieses kleine Wesen verliebt. So sehr, dass er das
Fohlen am liebsten mit in sein Bett nehmen würde.
Aber das geht natürlich nicht.

Die Ärztin hat sich längst verabschiedet. Doch Jonas kann sich einfach nicht vom Anblick des neugeborenen Tieres lösen. Er bleibt noch eine ganze Weile im Stall und hilft Opa, das Fohlen trocken zu reiben.

Die Nacht ist fast schon zu Ende, als Jonas endlich wieder in seinem Bett liegt. Er schläft tief und fest. Und hört nicht das Telefonklingeln am frühen Morgen. Er verschläft den ganzen Vormittag. Und als er endlich aufwacht, weil sein Magen so laut knurrt, da ist es schon Zeit fürs Mittagessen.
„Wir haben noch eine Überraschung für dich", sagt Oma und strahlt Jonas entgegen.

„Welche denn?", fragt Jonas gähnend, während er noch damit beschäftigt ist, sich den Schlaf aus den Augen zu reiben.

„Dein Papa hat angerufen. Heute Nacht ist deine Schwester geboren worden. Sie heißt Leonore, ist gesund und kräftig und wird ganz bestimmt eine gute Fußballspielerin."

Jonas schweigt und schaut sehr nachdenklich.

Dann lächelt er verschmitzt und meint: „Eine Schwester also. Das ist schon in Ordnung. Und wenn sie Leonore heißt, kann ich sie auch Leo rufen. Ich bringe Leo das Fußballspielen bei, versprochen. Eigentlich wollte ich ja einen Bruder, und der sollte Felix heißen. Aber nun kann ich das Fohlen so nennen."

„Es ist ein weibliches Fohlen, ein Stutfohlen. Da passt Felix nicht so gut. Wie wäre es mit Felicitas?", schlägt Opa vor.

„Zwei Mädchen an einem Tag", stöhnt Jonas. „Aber Felicitas ist zu lang. Feli gefällt mir besser. Und wenn Leo größer geworden ist, können die beiden gemeinsam Geburtstag feiern."

Am Nachmittag wird erst einmal dieser aufregende Tag gefeiert, mit einem neuen Blech voller Apfelkuchen. Im Internet schaut sich Jonas die ersten Fotos seiner Schwester an.

„Na, wer gefällt dir besser, Feli oder Leo?", fragt Oma.

Jonas sagt kein Wort, aber er strahlt übers ganze Gesicht.
Ein paar Tage später muss er seinen Koffer packen und sich
von dem kleinen Fohlen verabschieden. Er fährt wieder nach
Hause. Aber diesmal nicht mit dem Zug und nicht mit der
Pferdekutsche. Oma und Opa steigen mit ihm ins Auto.
Sie wollen schließlich auch die zukünftige Fußballspielerin
Leonore kennenlernen.

Gummistiefel-Alarm!

Carlos fährt in den Sommerferien am liebsten zu seinen Großeltern aufs Dorf. Sie haben einen Hof mit vielen Tieren, und für Carlos gibt es nichts Schöneres, als Oma und Opa beim Füttern der Tiere zu helfen.

Nur manchmal zwischendurch ist er auf der Suche nach Kindern, mit denen er spielen kann. Vor allem an Regentagen, wenn es keinen Spaß macht, länger als nötig draußen zu bleiben. Zum Glück haben die Großeltern nicht nur viele Tiere, sondern auch eine Ferienwohnung. Die wird gern von Familien mit Kindern genutzt.

Heute wird eine Familie mit drei Kindern anreisen. Carlos hofft darauf, sich mit ihnen anfreunden zu können. Schon seit einer Stunde sitzt er auf der Treppe vorm Haus und wartet.

Endlich rollt ein Auto auf den Hof. Das kann nur Familie Schönstedt sein. Ein Mann und eine Frau steigen aus. Sie recken und strecken sich nach der langen Fahrt und blinzeln in die Sonne. Der Mann atmet tief ein und sagt: „Ach, die gute Landluft. Herrlich! Das wird ein schöner Urlaub."

„Wollen wir es hoffen", entgegnet die Frau. Sie öffnet die hinteren Autotüren und fragt: „Wo bleibt ihr denn? Wir sind da!"

Da steigen, ganz langsam, drei mürrisch blickende Kinder aus dem Auto.

„Igitt, das stinkt hier!", mault ein Mädchen. Und das zweite Mädchen, das genau so aussieht wie das erste, meint: „Hier bleibe ich nicht. Das ist ja öde!" Nun klettert noch ein Junge heraus und sagt: „Ich habe gleich gesagt, dass ich ans Meer will."

„Am Meer waren wir jedes Jahr", meint der Vater, „aber auf einem Bauernhof noch nie. Wir wollten euch mal mit einem ganz anderen Urlaub überraschen."

„Die Überraschung ist euch gelungen", sagt der Junge und schaut verärgert über den Hof. „Gummistiefel-Alarm!"

Carlos sitzt immer noch auf der Treppe und starrt zu den beiden Mädchen. Er mag keine Prinzessinnen. Er mag keine rosafarbenen Kleider, keinen Glitzerkram, kein Prinzessinnengetue.

Aber schlimmer noch als eine Prinzessin findet Carlos zwei
Prinzessinnen. Und genau zwei von der Sorte stehen dort
neben dem Auto. Und der Junge erst! Was will er in der weißen
Hose auf einem Bauernhof? Der Hofhund muss nur einmal an
ihm hochspringen, schon ist die Hose fleckig.
Carlos seufzt. Das wird wohl nichts mit gemeinsamen Unter-
nehmungen in den nächsten beiden Wochen.

In diesem Moment kommt Oma aus dem Haus und sagt:
„Willkommen auf unserem Hof. Ich hoffe, es gefällt Ihnen hier."
„Ja, es gefällt uns hier", sagt Herr Schönstedt. Er sagt es sehr
laut und sehr deutlich und blickt dabei seine Kinder streng an.
Die drei verdrehen die Augen und sagen nichts.
„Kommen Sie, ich zeige Ihnen die Ferienwohnung. Die Koffer
können wir gleich mitnehmen. Carlos hilft auch beim Tragen",
sagt Oma.

Carlos brummt nur „Hm." Dann schiebt er schnell noch ein „Guten Tag und willkommen" hinterher. So, das wäre erledigt. Er war freundlich. „Das muss reichen für die nächsten zwei Wochen", denkt er.

Seine Augen werden immer größer, als Herr Schönstedt den Kofferraum öffnet. So viele Koffer und Taschen! Auch Oma staunt über das viele Gepäck.

„Nanu, ich wusste gar nicht, dass Sie gleich für immer hier bleiben wollen", sagt sie lachend. Herr und Frau Schönstedt lachen ein bisschen mit. Aber die Gesichter der drei Kinder werden immer länger.

„Das fehlte noch", flüstert der Junge seinen beiden Schwestern zu. Herr Schönstedt hebt ein Gepäckstück nach dem anderen heraus. Carlos entdeckt zwei rosafarbene Koffer. Nein, die will er auf keinen Fall tragen. Schnell schnappt er sich eine Tüte und eine Kühltasche und trägt beides hinüber zur Ferienwohnung. Der Junge folgt ihm, die Mädchen trotten hinterher. Carlos stellt die Sachen auf den Tisch in der Küche. Um das eisige Schweigen zu beenden, sagt er: „Das ist die Küche. Hier könnt ihr essen."

„Kuhfladen-Torte", schlägt der Junge mit grimmigem Blick vor.
„Einverstanden. Ich backe euch eine", sagt Carlos und grinst.
Und nun schauen die Besuchskinder so entsetzt, dass Carlos
laut lachen muss.

„Das war doch nicht ernst gemeint! Zur Begrüßung gibt es
nachher den wunderbarsten Quarkkuchen der Welt. Den
hat meine Oma für euch gebacken. Und wenn ihr wollt, zeige
ich euch anschließend den Hof und alle Tiere", sagt Carlos.
Aber die drei schauen ihn an, als würde sie das überhaupt nicht
interessieren.

„Heute nicht. Heute kommt unsere Lieblingssendung im Fernsehen", sagt eins der Mädchen.

„Ihr habt doch hier hoffentlich einen Fernseher?", fragt das andere.

„Bitte schön, der Fernseher", sagt Carlos und zeigt den Kindern das Wohnzimmer. „Und hier geht es zu den Schlafzimmern." Er steigt eine schmale Treppe hinauf. Langsam, als hätten sie bleischwere Schuhe an, folgen ihm die Kinder. Oben gibt es ein kleines Schlafzimmer für die Eltern und ein großes mit drei Betten. Und das sieht sehr gemütlich aus, mit einem Hochbett und einer breiten Schlafcouch.

„Ich will ins Hochbett", ruft der Junge, ehe seine Schwestern etwas sagen können. Carlos klopft mit der Hand auf die Schlafcouch und sagt: „Hier könnt ihr ganz bequem schlafen. Da liegt garantiert keine Erbse drunter."

Die Mädchen schauen verwundert und fragen: „Eine Erbse?
Wieso eine Erbse?"

„Prinzessinnen sollten nicht auf Erbsen schlafen", sagt Carlos.
„Aber wenn ihr wollt, dürft ihr auch in der Scheune übernachten,
im Heu."

Seit diesem Sommer können die Urlaubsgäste auf Wunsch im
Heu schlafen. Bisher hat das noch niemand genutzt. Carlos
würde es gern mal ausprobieren, aber nicht allein. Deshalb
versucht er jetzt, die drei zu diesem Abenteuer zu überreden.

„Im Bett schlafen, das kann jeder", sagt er. „Aber im Heu
übernachten, das geht nur bei uns auf dem Hof.
Habt ihr Lust?"

Die Mädchen rümpfen die Nase. Eine der
Schwestern sagt: „Da könnten wir ja gleich im
Schweinestall übernachten."

Doch bei dem Jungen scheint die
Abenteuerlust erwacht zu sein.
Er meint: „Vielleicht ..."

In diesem Moment schauen die Eltern Schönstedt zur Tür herein.
„Na, habt ihr euch schon angefreundet?", fragen sie. Keins der
Kinder antwortet. Frau Schönstedt will helfend eingreifen und
beginnt: „Das ist unser Alex und ..." Doch der Junge unterbricht
sie und sagt: „Mama, das schaffen wir schon allein." Dann wendet
er sich Carlos zu: „Ich bin Alexander. Darfst Alex sagen."
Nachdem sich auch noch Sina und Lena vorgestellt haben, sagt
Carlos: „Ihr könnt erst mal auspacken. Ich hole den Kuchen."

Als er zu seiner Oma in die Küche kommt, schaut sie ihn
nachdenklich an und fragt: „Na, gefallen sie dir?"
Carlos sagt: „Die sind so ganz anders als ich."
„Richtige kleine Prinzessinnen",
meint Oma.
„Mit denen werde ich nicht spielen
können", seufzt Carlos.
„Doch. Ich weiß auch, wie du
sie gewinnst. Jede Prinzessin
wünscht sich ein Pferd.
Geh morgen mit den
dreien zum Reiterhof."
„Gute Idee", sagt
Carlos und strahlt.

Beim gemeinsamen Kaffeetrinken schlägt er genau das vor. Oma
hatte recht. Zum ersten Mal blitzt Freude in den Gesichtern der
Mädchen auf. Reiten zu dürfen, das haben sie sich schon lange
gewünscht.

Am nächsten Vormittag holt Carlos die drei ab. Wieder haben die
Mädchen ihre besten Kleider an. Aber Carlos sagt nichts dazu.
Er schüttelt nur unauffällig den Kopf.
Bevor sie reiten dürfen, müssen die Kinder im Stall helfen. Und
schon nach ein paar Minuten sehen die schönen Kleider nicht
mehr ganz so schön aus. Na, macht nichts, das ist Sina und Lena
jetzt auch egal. Wenn sie nur reiten dürfen. Und das dürfen sie
lange und ausgiebig.

Glücklich kehren sie in die Ferienwohnung zurück. Sie rufen Carlos zu: „Warte einen Moment." Augenblicke später stehen sie wieder vor ihm: in kurzen Hosen und bunten T-Shirts. „Viel besser", sagt Carlos und grinst. Er nimmt die drei mit zu seinem Geheimplatz, auf dem Hügel hinterm Dorf. Die Kinder legen sich auf die Wiese und lassen sich die Sonne auf die Nase scheinen. Es ist so still und friedlich hier, dass ihnen ganz wohlig warm im Bauch wird.

„Wollen wir heute im Heu übernachten?", fragt Carlos.
„Können wir uns das vorher mal anschauen?", bittet Lena.
So wandern die vier zurück zum Hof und klettern auf den Heuboden hinauf.
„Wie herrlich das duftet", ruft Sina, lässt sich rücklings ins Heu fallen und bleibt liegen. Dann rudert sie mit Armen und Beinen und meint: „Jetzt bin ich ein Heuengel."

Nach dem Abendbrot klettern die vier mit Taschenlampen und Decken wieder hinauf. Noch ist es viel zu hell zum Einschlafen. Also erzählen die Kinder sich alles, was es zu erzählen gibt.

Nach einer Weile sind Alex, Sina und Lena eingeschlafen. Nur
Carlos liegt noch wach. Er hört ein leises Rascheln. Was ist das?
Ist noch jemand hier oben? Muss er sich fürchten? Vorsichtig
tastet er nach seiner Lampe, schaltet sie ein und lässt den Licht-
strahl durch die Finsternis wandern. Da entdeckt er die Katze
Miezi, die durchs Heu geschlichen kommt.
„Ach, du bist es", sagt Carlos erleichtert. „Willst auch hier schlafen.
Na, komm zu mir." Behutsam nimmt Carlos Miezi in seine Arme.
Dann legt er sich wieder hin und schmiegt sein Gesicht an das
warme Katzenfell.
„Miezi", flüstert er, „jetzt kann es ein schöner Sommer werden."

Herbst

Zwölf kleine Schweinchen

Bonny, Conny, Jonny, Ronny, Sonny, Tonny und ihre Geschwister Bolli, Dolli, Holli, Lolli, Molli und Polli sind zwölf vergnügte kleine Schweinchen, die auf dem Bauernhof von Bauer Kleemann leben, gemeinsam mit ihrer Mutter Rosalia und ihrem Vater Utzwutz. Sie haben ein gutes Leben, der Bauer versorgt sie in ihrem Stall mit dem besten Futter. Und es gibt nichts Schöneres für sie, als den ganzen Tag im Freien zu verbringen. Da schnüffeln und rüsseln sie auf dem Boden herum und suchen noch mehr Futter. Hier eine Wurzel, dort einen anderen Leckerbissen. Überall gibt es etwas zu entdecken und neugierig zu beschnuppern. Kaum sind sie satt, toben sie herum, rennen im Schweinsgalopp um die Wette oder spielen mit einem roten Ball.

Wenn Bauer Kleemann sie dabei beobachtet, ruft er ihnen zu:
„Ja, weiter so! Eines Tages melde ich euch zur Fußball-Weltmeister-
schaft an." Er ist eben ein kluger Bauer und weiß, wie sehr es seine
Tiere mögen, im Freien zu toben und zu tollen. „Ihr seid richtige
Glücksschweine", sagt er und lacht zufrieden. Nie aber käme er
auf die Idee, seine Ferkel als Dreckferkel zu bezeichnen, nur weil
sie sich so gern im Schlamm wälzen. „Die brauchen das, um ihre
Haut von Ungeziefer zu befreien. Für die Tiere ist das so wie für
dich ein Bad in Badeschaum", erklärt Bauer Kleemann seinem
Sohn Niklas. „Das weiß ich doch längst", sagt Niklas, der zu gern
mit den Ferkeln durch den Matsch tobt und den Ball jagt.

Abends, wenn die kleinen Schweinchen in den Stall
zurückkehren, drängen sie sich dicht an dicht an den
gemütlich warmen, weichen Bauch ihrer Mama
Rosalia. Und weil sie so lange an der frischen Luft
waren, schlafen sie sofort ein.

Doch heute war alles anders als sonst. Schon den ganzen Tag lag eine seltsame Unruhe in der Luft. Der Wind wechselte ständig die Richtung und pustete ungewöhnlich kalte Luft übers Land. Auch wenn die Schweine dank ihrer Speckschicht gut gegen Wind und Wetter geschützt waren, so spürten sie doch die Launen des Wetters. Heute war es ihnen zu kalt, zu windig, zu ungemütlich draußen. Und weil die Sonne keine Kraft hatte, ihre Strahlen zwischen den dicken Wolken hindurch zur Erde zu schicken, wurde es auch viel früher dunkel als in den vergangenen Tagen.

So waren die kleinen Schweinchen froh, endlich in ihren Stall zurückkehren zu können. Hier waren sie sicher und geschützt. Und doch konnten sie ewig nicht einschlafen. Irgendetwas ließ sie immer wieder aufschrecken, kaum hatten sie die Augen geschlossen. Viel zu lange dauerte es, bis endlich Ruhe im Stall war. Rosalia, die Schweinemutter, seufzte erleichtert und schloss ebenfalls die Augen. Doch nur eine kleine Weile konnte sie schlafen, schon quiekten ihre Ferkelkinder wieder durcheinander. Erst eins, dann wurde das nächste wach, bis sich schließlich alle gegenseitig aus dem Schlaf rissen. Hatte der Mond sie geweckt, der durchs Fenster hereinschien, direkt in die Ecke, in der die kleinen Ferkel es sich gemütlich gemacht hatten?

„Also gut, ihr kleinen Racker", sagte die Schweinemutter. „Wenn ihr nicht schlafen könnt, muss ich euch wohl eine Geschichte erzählen."

„Oh ja, bitte", quiekten die Schweinekinder durcheinander.
„Erzähl uns die Geschichte von den drei kleinen Schweinchen",
bat Conny, das kleinste der Ferkelgeschwister.
„Eure Lieblingsgeschichte, was?", schmunzelte die Schweinemutter.
„Ja, ja", jubelten die Ferkel allesamt.
Es war übrigens die einzige Geschichte, die die Schweinemutter
kannte. Aber das machte nichts. Denn die zwölf kleinen
Schweinchen wollten diese Geschichte immer wieder hören.
„Nun, meine Lieben, wer weiß es noch: Wie beginnt die
Geschichte?", fragte Mama Rosalia.

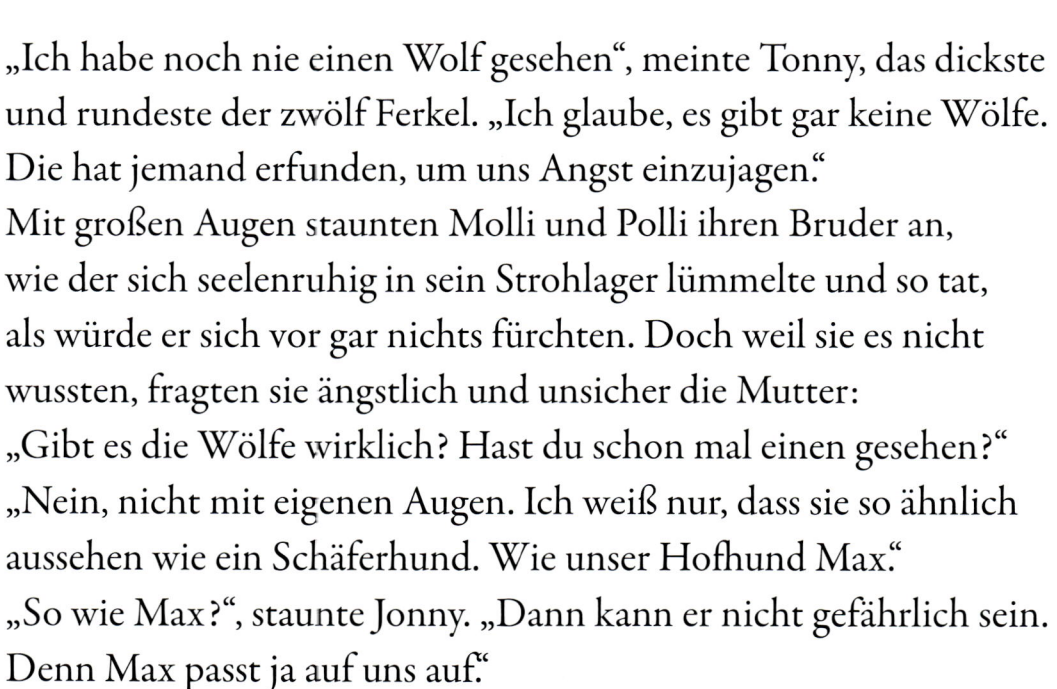

„Es waren einmal drei kleine Schweinchen. Jedes von ihnen baute sich ein Haus. Das erste baute sich ein Haus aus Stroh. Da kam der Wolf, er wollte das Schweinchen fressen", begann Ronny zu erzählen.

„Ich habe noch nie einen Wolf gesehen", meinte Tonny, das dickste und rundeste der zwölf Ferkel. „Ich glaube, es gibt gar keine Wölfe. Die hat jemand erfunden, um uns Angst einzujagen."

Mit großen Augen staunten Molli und Polli ihren Bruder an, wie der sich seelenruhig in sein Strohlager lümmelte und so tat, als würde er sich vor gar nichts fürchten. Doch weil sie es nicht wussten, fragten sie ängstlich und unsicher die Mutter:

„Gibt es die Wölfe wirklich? Hast du schon mal einen gesehen?"

„Nein, nicht mit eigenen Augen. Ich weiß nur, dass sie so ähnlich aussehen wie ein Schäferhund. Wie unser Hofhund Max."

„So wie Max?", staunte Jonny. „Dann kann er nicht gefährlich sein. Denn Max passt ja auf uns auf."

Und auch die anderen Ferkel lachten erleichtert und quiekten durcheinander: „Nein, vor einem Schäferhund muss man sich nicht fürchten. Der ist doch ganz lieb. Wer fürchtet sich vorm Schäferhund? Wir nicht."

„Soll ich nun die Geschichte erzählen oder nicht?", mahnte Mutter Rosalia zur Ruhe.
„Ja, ja, erzähl schon, wir sind jetzt still", versprachen die Ferkel. Und dann erzählte Mama Rosalia von den drei kleinen Schweinchen. Die waren eigentlich gar nicht mehr so klein. Weil sie tüchtig fraßen und fraßen. Und deshalb war für sie kein Platz mehr zu Hause. Sie zogen in die Welt, um sich ein Haus zu bauen. Jeder ein eigenes für sich.

Das erste Schweinchen traf unterwegs einen Mann mit einem Bündel Stroh unterm Arm. ‚Ach, darf ich das Stroh haben, ich will mir ein Haus daraus bauen. Ich gebe dir auch ein paar meiner Borsten für eine Bürste‘, bat das Schweinchen. Die beiden tauschten, der Mann zog weiter und fertigte sich aus den Borsten eine Bürste, mit der er nun immer sonntags seine Jacke ausbürstete. Das Schweinchen hatte sich geschwind aus dem Bündel Stroh ein Haus gebaut und war dort eingezogen.

Der Wolf, der schon lange nichts Ordentliches mehr zu beißen
hatte, verspürte einen unbändigen Appetit auf so ein köstliches,
rundes, rosiges Schweinchen. Er pustete einmal kräftig gegen die
Wand aus Stroh, da war das kleine Haus auch schon eingestürzt.
Zum Glück konnte das Schweinchen schnell genug wegrennen.

Das zweite Schweinchen begegnete einem Mann mit einem
Bündel Holz.
‚Guter Mann‘, sagte das Schweinchen, ‚bitte überlass mir das Holz.
Ich will mir ein Haus bauen. Ich gebe dir auch ein paar
meiner Borsten für einen Pinsel.‘
So tauschten die beiden. Der Mann kehrte nach Hause zurück,
fertigte sich einen Pinsel und strich damit alle Türen und
Fenster seines Hauses neu an, leuchtend blau.

Das Schwein nahm das Holz und baute sich ein Haus daraus,
das dauerte den ganzen langen Tag. Kaum hatte es sich abends
schlafen gelegt, hörte es draußen die Stimme des Wolfes: ‚Lass
mich ein, kleines Schwein, möchte gern dein Freund sein.‘
Doch das Schweinchen antwortete: ‚Die Tür bleibt zu.
Verschwinde du, lass mich in Ruh!‘

Doch der Wolf verschwand nicht, er
trat und trommelte und hieb und
hämmerte mit Füßen und Fäusten
gegen die Holzwände des Hauses,
bis sie einstürzten. Zum Glück
konnte das Schwein schnell
genug rennen und dem Wolf
entkommen.

Das dritte Schwein traf unterwegs einen Mann mit einer Karre voller Ziegelsteine.

‚Guter Mann, schenk mir ein paar von deinen Steinen für ein Haus. Du bekommst auch so viele Borsten, wie du haben möchtest. Daraus kannst du Bürsten und Pinsel anfertigen und sie auf dem Markt verkaufen.'

Dem Mann gefiel die Idee, also schenkte er dem Schweinchen die Steine. Drei Tage lang baute es sich daraus ein kleines, feines Haus. Kaum war das Haus fertig, klopfte es an der Tür. Der Wolf wollte herein. Doch das Schweinchen schickte ihn fort.

Der Wolf hämmerte gegen die Tür, bis ihm die Pfoten bluteten. Als er merkte, dass er hier nichts ausrichten konnte, trollte er sich zurück in den Wald, mit knurrendem Magen.

Das Schweinchen, das sich darüber freute, nun ungestört schlafen zu können, hörte wieder ein Klopfen an der Tür. ‚Kleines Schwein, lass mich ein, denn ich bin dein Brüderlein.‘ Das Schwein erkannte die Stimme, öffnete und freute sich, nicht allein in seinem neuen Haus leben zu müssen. Gerade hatten die beiden sich zur Ruhe gelegt, als es wieder klopfte. Eine Stimme rief: ‚Kleines Schwein, lass mich ein, denn ich bin dein Schwesterlein.‘ Freudig sprangen die beiden Schweinchen wieder aus ihren Betten, öffneten die Tür und begrüßten ihre Schwester. Nun waren sie noch vergnügter.

Und sie versprachen einander, für immer beisammen zu bleiben.
Platz genug war ja in dem schönen Haus."
„Und sie mussten sich nie wieder vor dem Wolf fürchten."
Alle zwölf Schweinchen sprachen den letzten Satz im Chor mit.
„Wie gut, dass wir kein Haus aus Stroh oder Holz haben. Hier,
in unserem Stall, müssen wir uns vor gar nichts fürchten. Nicht
mal vor dem Wolf", flüsterten die Ferkel einander zu.
Inzwischen war der Mond weitergewandert. Da schlossen die
Ferkel die Augen und schliefen ein.

Sie schliefen die ganze Nacht, bis die ersten Sonnenstrahlen sie an
ihren Rüsseln kitzelten. Draußen krähte der Hahn, und sie hörten
schon das Klappern der Milchkannen nebenan bei den Kühen.
Ein neuer Morgen war angebrochen. Und die Sonne versprach,
dass es ein schöner Tag werden würde
für Bonny, Conny, Jonny,
Ronny, Sonny, Tonny
und ihre Geschwister
Bolli, Dolli, Holli,
Lolli, Molli und
Polli.

Das Herbstfest

„Am Freitag muss alles klappen", sagt Frau Lindner. „Da kommen viele Zuschauer. Eltern, Großeltern, Geschwister. Wir üben jetzt noch einmal unser Programm. Und anschließend schmücken wir den Raum."

Am Freitag wird im Kindergarten ein großes Herbstfest gefeiert. Paulina, Max, Robin, Juliane und ihre Freunde sind schon seit Wochen damit beschäftigt, dieses Fest vorzubereiten. Sie haben Lieder geübt und Herbstgedichte gelernt. Einige Kinder werden einen Herbsttanz aufführen. Wie Blätter im Wind, so werden sie tanzen, wirbeln und sich drehen. Und schmücken wollen sie den Raum mit allem, was jetzt herangereift ist. Im Wald, auf dem Feld und im Garten der Kinder.

Neben der Spielwiese des Kindergartens gibt es eine Gartenecke,
in der die Kinder selbst etwas anbauen, hegen und pflegen.
„Wir haben einen echten Kinder-Garten in unserem Kindergarten",
sagen sie und lachen, wenn die Erwachsenen das nicht verstehen.
Die Kinder finden es spannend zu beobachten, wie aus den Samen-
körnern winzige Spitzen sprießen, wie diese Spitzen zu Blumen,
Erbsen oder Salatköpfen heranwachsen. Und nun, im Herbst,
dürfen die Kinder bei der Ernte helfen. Das werden sie nachher
noch tun. Aber erst einmal üben sie ihr Programm, alle Lieder,
Gedichte und den Tanz.

Das meiste klappt richtig gut. Nur Juliane schaut so,
als sei sie nicht zufrieden.
„Na, Juliane, sag uns, was dir nicht
gefällt", meint Frau Lindner.
„Mir gefällt alles", sagt Juliane.
„Aber es fehlt noch etwas,
womit wir unsere
Gäste überraschen
könnten."
„Und was wäre
das? Hast du
eine Idee?",
möchte Frau
Lindner wissen.

Während Juliane überlegt, ruft Robin: „Ein Theaterstück! Wir müssten uns verkleiden. Ich wäre ein Ritter und könnte kämpfen." Schon fuchtelt er in der Luft herum, als hätte er ein schrecklich gefährliches Schwert in der Hand.

Frau Lindner lacht. „Robin, wir feiern kein Ritterfest, sondern ein Herbstfest. Das Theaterspiel sollte zur Jahreszeit passen, zur Erntezeit. Getreide und Kartoffeln sind von den Feldern eingebracht, Obst und Gemüse aus den Gärten. Dafür braucht man keine Schwerter."

„Ich könnte trotzdem einen Ritter spielen. Der brauchte doch auch Kartoffeln. Und vielleicht musste er sogar darum kämpfen", meint Robin.

„Robin, jetzt verrate ich dir mal was", sagt Frau Lindner und schaut ihn geheimnisvoll an. „Ritter haben niemals in ihrem Leben Kartoffeln gegessen."

„Warum denn nicht? Wussten sie nicht, dass man die essen kann? Oder haben sie ihnen nicht geschmeckt?", fragen etliche Kinder durcheinander.

„Damals, zur Zeit der Ritter, wuchsen hier noch keine Kartoffeln. So einfach ist das. Aber vielleicht kennt jemand eine Geschichte, in der von der Ernte erzählt wird? Oder ein Märchen, in der ein Bauer die Hauptrolle spielt?", fragt Frau Lindner.

Alle denken angestrengt nach. Da fällt Paulina ein, dass ihre Oma
ihr vor ein paar Tagen das Märchen „Vom klugen Bauern und
dem Teufel" vorgelesen hat. „Ich weiß eins", sagt sie.
„Dann erzähl doch mal", bittet Frau Lindner.
Paulina überlegt kurz und beginnt: „Ein Bauer hat seit dem frühen
Morgen schwer gearbeitet. Er hat sein Feld umgegraben und Samen
in die Furchen gesät."
Gleich lachen einige Kinder. Und Max ruft dazwischen: „Kein
Bauer gräbt sein Feld mit der Schaufel um. Dafür gibt es Traktoren,
die große Pflüge übers Feld ziehen. Und ich darf sogar mitfahren.
Ich weiß das genau!"
Am liebsten hätte er noch viel mehr vom Traktor seines Vaters
erzählt und von den anderen Maschinen, die auf den Feldern die
schwere Arbeit erledigen. Aber Frau
Lindner unterbricht ihn und sagt:
„Max, das kannst du uns
alles später erzählen. Jetzt
ist Paulina dran mit dem
Märchen. Wir wollen
sehen, ob man es
als Theaterstück
aufführen kann."

Max presst beide
Hände fest auf die
Lippen. Es fällt
ihm so schwer,
den Mund zu
halten. Und
mit den Händen
darauf geht das
am besten.

„Also", setzt Paulina die Geschichte fort, „der Bauer hat den
ganzen Tag auf seinem Feld geackert und gerackert, geschuftet
und geschwitzt. Als er am Abend nach Hause gehen wollte,
entdeckte er einen Haufen glühender Kohlen, mitten auf
seinem Feld. Oben auf den glühenden Kohlen saß ein kleiner
Teufel. Der Bauer rieb sich verwundert die Augen. Ein Teufel
auf seinem Feld? Was hatte das zu bedeuten?

Der Teufel behauptete, er säße auf einem Schatz, der tief in der
Erde versteckt sei. Der Bauer freute sich und wollte den Schatz
gleich ausgraben. Denn schließlich war das ja sein Acker. Aber
der Teufel sagte: ‚Der Schatz soll dir gehören. Doch vorher
musst du mir die Hälfte deiner Ernte abgeben.'

‚Ich habe gerade im Moment gesät', erklärte der Bauer. ‚Da gibt es noch keine Früchte. Die müssen erst wachsen. Jeder weiß, dass das nicht von heute auf morgen geht. Das braucht seine Zeit. Im Herbst kannst du wiederkommen. Dann soll die Hälfte der Ernte dir gehören. Versprochen. Und damit wir uns nicht streiten, bekommst du alles, was oberhalb der Erde wächst. Ich will mit dem Rest, der in der Erde steckt, zufrieden sein.'
Der Teufel war einverstanden.

Aber der Bauer war schlau. Er hat dem Teufel nicht verraten, dass auf seinem Feld Rüben heranwachsen würden. Die reifen nämlich versteckt in der Erde.

Im Herbst grub der Bauer die saftigen Rüben aus. Für den Teufel blieb nur das wertlose Rübenkraut übrig.
Als der Teufel sah, dass der Bauer ihn reingelegt hatte, wurde er stinketeufelswütend und sagte: ‚Im nächsten Herbst gehört alles, was in der Erde steckt, mir. Dann musst du dich mit dem Rest begnügen, der oberhalb der Erde wächst.'

Der Bauer nickte nur. Und säte Weizen. Im Herbst erntete er ihn. Ganz viel Weizen. Für den Teufel blieben nur die Stoppeln übrig. Zweimal hat der Bauer den Teufel reingelegt. Er bekam die gute Ernte und am Ende auch noch den Schatz."

„Eine sehr schöne Geschichte", lobt Frau Lindner Paulina.
„Lasst uns gemeinsam überlegen, wie wir das als Theaterstück
aufführen können."

Alle Kinder rufen durcheinander, dass sie mitspielen möchten.
„Das habe ich mir gedacht", meint Frau Lindner. „Wir brauchen
aber nur einen Bauern und einen Teufel. Und was spielen alle
anderen Kinder?"

„Ich könnte die Sonne spielen. Wenn ich untergehe, beendet der
Bauer seine Arbeit und geht nach Hause", schlägt Mascha vor
und strahlt dabei, als trüge sie tatsächlich eine kleine Sonne in
sich.

„Ich spiele den Regen", ergänzt Uli. „Regen wird dringend
gebraucht, damit die Pflanzen auf dem Feld wachsen können."
„Willst du mit der Gießkanne
herumlaufen und das Wasser auf
den Fußboden plätschern
lassen?", fragt Frau Lindner.
„Ich glaube nicht, dass sich
unser Hausmeister
darüber freuen wird."

„Ich nehme die Gießkanne, aber ohne Wasser. Dann versteht trotzdem jeder, was gemeint ist", entgegnet Uli.

„Stimmt", rufen gleich mehrere Kinder.

Max grinst verschmitzt und schlägt vor: „Da ich ja nie meinen Schnabel halten kann, wäre ich ein frecher Spatz, der die Samen-körner wegpicken will."

„Dann spiele ich die Vogelscheuche, die dich vertreibt", ruft Karina. „Da kann ich mich schön scheußlich verkleiden. Husch, verschwinde!" Sie wedelt mit den Armen, als wollte sie Max vom Acker verscheuchen.

„Wir könnten die Getreidehalme sein", meint Steffi.
„Und wie soll der Bauer euch alle ernten und zu einer Garbe binden?", fragt Frau Lindner ratlos.
„So!", sagt Jenni. „Alle mal aufstellen. Und wachsen. Hände in die Höhe. Alle Halme wiegen sich im Wind."
„Ich bin der Wind", ruft Lorenz. Er hält seine Hände wie einen Trichter vor den Mund, dann pustet er und pustet. Alle Kinder schwanken hin und her. „Ja wirklich, wie Halme im Wind", meint Frau Lindner.

Nun läuft Jenni um die Kinder herum und schiebt sie zu einem dichten Haufen zusammen. Sie tut so, als könne sie mit ihrem Armen dieses ganze Bündel umfassen. „Schnell weg mit euch, ehe der Teufel kommt", sagt sie und schiebt die ganze Gruppe von der Spielfläche.

„Und der Bauer bringt die Getreidehalme nach Hause. Dort wartet
schon die Bauersfrau auf ihn",
spinnt Manuela die Geschichte
weiter.
„Und die bist dann du?", fragt Felix.
„Klar! Ich wollte schon immer mal
eine Bauersfrau spielen", entgegnet
Manuela. Alle sind damit einverstanden.

Frau Lindner staunt über die vielen
Ideen. Gemeinsam wird entschieden,
dass Adrian die Rolle des Bauern
übernimmt und Juliane die Rolle
des Teufels.
Und während
die Kinder die
Geschichte proben,
merken sie, dass
sie dringend noch Rübenkraut brauchen.
Aber das will keiner spielen.
„Das basteln wir nachher aus Packpapier, damit es so richtig alt
und welk aussieht", schlägt Frau Lindner vor.

Endlich ist der große Tag da.
Die Eltern und Großeltern,
die Geschwister, Tanten
und Onkel strömen in den
herbstlich geschmückten
Raum. Nach jedem Lied,
nach jedem Gedicht und vor
allem nach dem Herbsttanz
gibt es viel Beifall. Dann
kündigt Frau Lindner
das Märchen an.

Paulina beginnt zu erzählen. Und die anderen Kinder spielen alles mit: die Sonne, den Regen, den Wind, die Getreideähren, den Bauern und den Teufel. Alles klappt ganz wunderbar, so wie sie es in den vergangenen Tagen geübt haben.

Und als sich die Kinder am Ende verbeugen, ernten sie ganz viel Applaus.

Hofmusik

Es ist November geworden. Nur die allerletzten Blätter hängen noch an den Bäumen, und bald wird ein kräftiger Wind auch sie durch die Luft tanzen lassen. Früh am Morgen liegt die Landschaft in dicken Nebel gehüllt.

„Och, so dunkel draußen. Und kalt ist es geworden. Es wird nicht mehr lange dauern, bis der erste Schnee fällt.

Ich kann es schon in meinen Knochen spüren", grummelt Bauer
Friedemann in seinen Bart, als er am Morgen die Haustür öffnet.
Am liebsten würde er die Tür sofort wieder schließen und sich in
sein warmes Bett verkriechen. Und dort würde er ganz lange liegen
bleiben. Bis die Sonne hoch am Himmel steht. Wie gern würde
er Winterschlaf halten und erst im Frühling mit frischen Kräften
wieder an die Arbeit gehen.

Doch dann seufzt er. Das kann er nicht machen. Schließlich ist er
Bauer geworden, und er ist gern Bauer. Die Tiere wollen versorgt
werden, egal ob die Sonne scheint oder ob es wie aus Eimern regnet,
dass man schon nach ein paar Schritten quer über den Hof nass ist
bis auf die Haut.

Bauer Friedemann schlägt den Kragen seiner Jacke nach oben und
stapft hinüber in den Stall.

Die Kühe empfangen ihn mit einem freudigen und
zugleich ungeduldigen „Muh". Da hat
Bauer Friedemann das warme
Bett längst vergessen.
„Ist ja gut, meine
Hübschen", sagt
Friedemann.
„Ich sehe, ihr habt
gut geschlafen. Dann will
ich wohl zufrieden sein.

Und jetzt gibt es Frühstück. Und gemolken werdet ihr auch gleich."
Dann schaltet er Musik an. Schöne Musik. Von Mozart. Friedemann
lauscht den ersten Takten, und gleich ist seine Laune noch ein
Stück besser geworden. Er muss wieder einmal über sich selbst
schmunzeln. Denn oft genug lachen die Nachbarn ihn aus, weil er
in seinem Kuhstall eine Musikanlage eingebaut hat. Er hat nämlich
in einer Fachzeitschrift gelesen, dass Kühe mehr Milch geben, wenn
sie Musik von Mozart hören. „Musik für die Kühe", sagen die
Leute und tippen sich dabei an die Stirn, „der Friedemann spinnt."

Aber Bauer Friedemann lässt die
Leute reden, was sie reden
wollen. Er weiß, was er weiß:
Die Kühe geben tatsächlich
mehr Milch.

Als Nächstes sind die Schweine
dran. Die Schafe und Ziegen
bekommen ihr Futter, ebenso
die Enten. Später sammelt er bei
den Hühnern die Eier ein. Am
Traktor muss der Sitz repariert
werden. Ach ja, der Hasenstall ist
auch kaputt, an der Rückseite. Wenn
er das nicht bald repariert, könnte es leicht
passieren, dass die Hasen ihm davonhoppeln.

Viel zu schnell ist der Tag vergangen. Bauer Friedemann dreht
noch eine letzte Runde durch die Ställe und schaut, ob alles in
Ordnung ist. Dann geht er hinüber in sein Haus und zieht
zufrieden die Tür hinter sich zu. Feierabend! Jetzt wird er sich
einen Tee kochen und im Radio schöne Musik hören. So schöne
Musik wie seine Kühe.

Da klopft es an der Tür.
„Nanu, wer mag das sein? Vielleicht eins von meinen Tieren?",
überlegt Friedemann und muss über seinen eigenen Gedanken
lachen.

„Wird schon wer sein, sonst würde es ja nicht klopfen", spricht er
zu sich selbst und öffnet die Tür.

Da steht eine ganze Schar Kinder draußen, mit Laternchen in der
Hand. Erwartungsvoll schauen sie Bauer Friedemann an, dann
beginnen sie zu singen: „Laterne, Laterne, Sonne, Mond und
Sterne. Brenne auf mein Licht, brenne auf mein Licht, aber nur
meine liebe Laterne nicht." Und als sie fertig sind mit dem Lied,
und Bauer Friedemann nichts sagt, sondern nur stumm dasteht,

singen sie gleich noch ein Lied. Von den Sternen da oben, vom Mond, der die schönste Laterne ist und die ganze Nacht scheint. Und von den Süßigkeiten, die sie gleich bekommen werden, weil sie so schön gesungen haben.

Da kratzt sich Bauer Friedemann verlegen am Kopf und sagt: „Ach, jetzt fällt es mir wieder ein. Morgen ist ja Sankt Martin! Und ich habe ganz vergessen, etwas für euch bereitzulegen. Tut mir leid, ich habe nicht ein einziges Stück Schokolade im Haus, keine Kekse, keine Bonbons. Nicht mal Hustenbonbons. Aber ich habe köstliche Äpfel, rot und gelb gestreift. Ihr mögt doch Äpfel?"

Die Kinder nicken. Natürlich mögen sie Äpfel. Sie hätten sich zwar mehr über eine Tafel Schokolade gefreut, das war üblich an so einem Tag. Aber sie wissen auch, dass Bauer Friedemann die besten Äpfel weit und breit hat. Sogar aus der Stadt kommen die Leute angereist, um sich körbeweise mit Friedemanns saftiger Sorte einzudecken.

Also holt Bauer Friedemann einen Korb voller Äpfel und gibt jedem Kind zwei davon. „Für jede Hand einen", sagt er. Die Kinder packen die Äpfel in ihre Beutel, bedanken sich und ziehen weiter. Und Bauer Friedmann setzt sich wieder in seinen Sessel, um nun endlich die schöne Musik zu hören. Da klopft es abermals an der Tür.

Die nächste Gruppe von Kindern steht vor der Tür. Wieder hört sich Bauer Friedemann die Lieder an und verteilt anschließend Äpfel. Und als die Kinder gegangen sind, versucht er gar nicht erst, in seinem Radio nach schöner Musik zu suchen.
„Ich warte einfach auf die nächsten Kinder", beschließt er.
„Da habe ich auch den ganzen Abend Musik."

Und so wird es noch ein turbulenter Abend. Alle Augenblicke klopft es an der Tür. So lange, bis es wirklich allerhöchste Zeit für die Kinder wird, für heute ins Bett zu gehen.
Und auch Bauer Friedemann murmelt in seinen Bart:
„Höchste Zeit, mich in mein Bett zu rollen. Morgen muss ich in aller Frühe wieder raus aus den Federn."
Da klopft es wieder an der Tür. Und als er diesmal öffnet, kommt er aus dem Staunen nicht heraus.

Denn nun stehen keine Kinder vor der Tür. Sondern alle seine Tiere. Die Kühe, die Schweine, die Hühner, Gänse und Enten, die Kaninchen und sogar Kater Karajan.

„Was ... ?"

Weiter kommt Bauer Friedemann nicht. Denn schon reckt Kater Karajan seinen Schwanz in die Höhe und lässt ihn viermal auf die Erde sausen, um den Takt vorzugeben. Dann schwenkt er ihn wie einen Taktstock hin und her.

Und auf dieses Zeichen hin beginnen die Tiere ein vielstimmiges Konzert. Die Kühe muhen in hohen und tiefen Tönen, die Schweine grunzen und quieken an passenden Stellen dazwischen. Die Hühner gackern, die Enten schnattern, die Gänse recken ihre Hälse in die Höhe und wollen den Gesang der Enten noch übertönen. Und die Kaninchen? Die singen nicht mit, mümmeln nur im Takt. Aber mit ihren Vorderläufen trommeln sie den Rhythmus auf den Boden. Sie sind das Schlagzeug dieses grandiosen Orchesters.

Nur der Hahn steht abseits und schweigt. Bauer Friedemann bemerkt es erst nach einer Weile. „Warum wohl singt er nicht mit den anderen?", denkt Bauer Friedemann und wundert sich. Doch dann wendet er sich wieder seinem Tier-Orchester zu. Er ist so gerührt, dass er sich heimlich, als die Tiere ihr Lied beenden, eine kleine Träne aus den Augen wischt. „Das ist das schönste Konzert, das ich je gehört habe", sagt er. „Und ihr wollt gewiss keine Schokolade. Aber zur Feier des Tages sollt ihr auch ein paar von den köstlichen Äpfeln bekommen."
Bauer Friedemann eilt in die Küche, schneidet Äpfel in Stücke und verteilt sie auf mehrere Teller.
„Hier, meine Lieben, für euch", sagt er und stellt die Teller vor die versammelte Schar der Tiere. Karajan bekommt einen Extrateller mit Milch, die er sogleich aufzuschlecken beginnt.

Und der Hahn? Der steht immer noch stumm und stolz etwas
abseits neben den anderen Tieren. Für ihn stellt Bauer Friedemann
auch einen Extrateller hin, mit kleinen Apfelstückchen.
„Ich kann mir denken, warum du nicht mitgesungen hast, mein
Lieber. Immer, wenn deine Stimme erschallt, geht kurze Zeit
später die Sonne auf. Und das wolltest du einfach verhindern.
Denn wir müssen ja alle erst einmal schlafen gehen. Und du
wirst erst morgen früh wieder kräftig krähen wollen."
Kaum hat Friedemann das zu seinem Hahn gesagt, reißt der
seinen Schnabel auf und lässt nur einen kurzen Laut hören,
als wollte er „Ja" sagen.

„Und nun, meine lieben Freunde, husch, zurück in die Ställe. Morgen ist auch noch ein Tag. Ich wünsche euch eine geruhsame Nacht." Mit diesen Worten zieht Friedemann die Tür hinter sich zu, legt sich nun wirklich in sein Bett und ist auf der Stelle eingeschlafen.

So bemerkt er gar nicht, dass die Tiere draußen noch eine Weile beisammen bleiben, die Äpfel wegfuttern und sich bei Karajan bedanken.

„Das war eine gute Idee von dir", sagt Hilda, die Kuh. „Das ganze Jahr sorgt Friedemann für uns, da wurde es höchste Zeit, ihm auch mal eine Freude zu bereiten." Die Schweine grunzen um die Wette und streiten sich darüber, wer von ihnen die schönste Stimme hat. Und eigentlich würden sie auch ganz gern mal in einer Oper mitsingen.

„Oper? Ich höre wohl nicht richtig! Was soll denn unsereiner in der Oper?", gackert das Huhn. „So gut wie bei uns hier auf dem Land riecht die Luft in der Oper ganz bestimmt nicht."

Die Tiere reden noch eine Weile miteinander, bis sich eine dicke Wolke vor den Mond schiebt.

„Mein Licht ist aus, ich geh nach Haus", summen die Tiere ein letztes Mal gemeinsam. Dann wünschen sie einander eine gute Nacht und gehen, trappeln, hüpfen und watscheln in ihre Ställe zurück.

Winter

Weihnachten auf dem Bauernhof

Lars und Rebecca schauen seit einer Stunde sehnsüchtig aus dem Fenster. Schneeflocken schweben vom Himmel herab. Der Hof, die Häuser und Ställe, die Bäume ringsum sehen ganz verzaubert aus. Doch die beiden Kinder können sich gar nicht richtig daran erfreuen.

„Ob der Weihnachtsmann uns vergessen hat?", überlegt Lars. Rebecca versucht ihn zu trösten: „Er kommt bestimmt noch." Aber so ganz sicher ist sie sich auch nicht mehr.

Den ganzen Tag haben die beiden Kinder ihren Eltern geholfen. Auf einem Bauernhof gibt es immer viel zu tun, egal ob gerade Weihnachten ist oder nicht. Die Tiere fragen nicht danach, welcher Tag auf dem Kalender steht, sie brauchen jeden Tag ihr Futter, frisches Trinkwasser und einen sauberen Stall. Lars und Rebecca waren für keine Arbeit zu klein. Sie haben geholfen, die Ställe auszumisten. Sie haben Futter herangeschleppt. Und weil heute Weihnachten ist, haben sie die Tiere mit besonderen Leckereien gefüttert. Zum Schluss haben sie ihnen noch „Fröhliche Weihnachten!" zugerufen.

Anschließend haben sie beim Hausputz und bei den Vorbereitungen fürs Weihnachtsessen geholfen. Alle Arbeit sollte erledigt sein, damit sie gemeinsam mit den Eltern auf den Weihnachtsmann warten konnten.

Doch das Warten will kein Ende nehmen. Der Weihnachtsmann kommt und kommt nicht.

Mama tröstet die beiden: „Es kann nur daran liegen, dass sich viele Kinder sehr große Geschenke wünschen. Das dauert seine Zeit. Habt Geduld. Ich schaue mit Papa ein letztes Mal für heute nach den Tieren."

Während Lars und Rebecca immer noch am Fenster stehen, hören sie von fern Glockengeläut. Augenblicke später poltert es an der Tür. Die beiden rennen hin und öffnen. Da steht er endlich, der Weihnachtsmann.

Ziemlich erschöpft sieht er aus und bittet um Entschuldigung wegen seines späten Kommens. „Ach, Kinder, es tut mir leid, dass ich euch so lange warten ließ. Ihr ahnt gar nicht, was ich dieses Jahr an Geschenken zu schleppen hatte. Ich bin doch nicht mehr der Jüngste! Diese Plackerei! Endlich war ich fertig und machte mich auf die Heimreise. Dummerweise hatte ich vergessen, den Schlitten noch einmal zu kontrollieren. Und so ist es passiert: Ich habe eure Geschenke übersehen. Sie lagen in einer Ecke versteckt. Erst auf dem Heimflug, als ich meine Handschuhe suchte, fiel mein Blick auf sie. Ihr hättet mal sehen sollen, welch tollkühne Kehrtwende meine Rentiere am Himmel vollführt haben, damit wir noch rechtzeitig zu euch kommen konnten. Und da bin ich. Hier sind eure Geschenke. Frohe Weihnachten!"

Lars und Rebecca bedanken sich glücklich. Der Weihnachtsmann will schon wieder gehen, da dreht er sich noch einmal zu den Kindern um: „Ach, eine kleine Bitte hätte ich. Ob ich mal eure Toilette benutzen dürfte, bevor ich den weiten Heimweg antrete?"

Die Geschwister schauen einander ratlos an. Dürfen sie einen Fremden hereinlassen? Auch wenn es sich um den in aller Welt bekannten Weihnachtsmann handelt, so ist er doch für sie ein Fremder.

„Wir rufen Mama oder Papa, die sollen entscheiden", flüstert Rebecca ihrem Bruder zu. Zum Glück kommt Mama gerade aus dem Stall herüber.

„Mama, der Weihnachtsmann fragt, ob er mal auf unsere Toilette darf."

Mama überlegt nicht lange und sagt: „Kommen Sie herein. Bitte hier entlang."

Die Kinder erzählen, warum sich der Weihnachtsmann verspätet hat. Und dann haben sie eine Idee: „Wir könnten ihn zum Abendessen einladen. Weihnachten allein zu feiern, das ist bestimmt auch für den Weihnachtsmann nicht schön."

„Gut, wir fragen ihn", schlägt Mama vor.

In dem Moment kommt auch Papa von seiner Stallrunde zurück und sagt: „Ihr werdet es nicht glauben, aber vorn im Hof steht ein Schlitten mit drei Rentieren davor."

„Das ist mein Schlitten", sagt der Weihnachtsmann, der gerade aus dem Badezimmer kommt. „Keine Bange, wir sind gleich wieder verschwunden. Ich habe nur die Geschenke abgeliefert, auch wenn es diesmal etwas spät geworden ist."
„Lieber Weihnachtsmann", sagt Lars, „kannst du nicht noch bei uns bleiben? Wir laden dich zum Abendessen ein."
„Eigentlich wollte ich nach Hause zurück, wollte mich in die Badewanne legen und dann ins Bett. Die letzten Tage und Wochen waren reichlich anstrengend", entgegnet der bärtige Alte.
„Sie können gern in unserem Gästezimmer schlafen", schlägt die Mutter vor. Und der Vater fügt hinzu: „Ich wollte schon immer mal ein Gläschen Wein mit dem Weihnachtsmann trinken."
Der Weihnachtsmann streicht sich nachdenklich über seinen langen, weißen Bart. Das Angebot klingt verlockend: ein gemütlicher Abend mit so einer netten Familie, ein warmes Bett und lange ausschlafen. Zurückreisen kann er auch morgen.

Gerade will er zusagen, da schüttelt er energisch den Kopf: „Nein, es geht nicht. Ich kann meine Rentiere nicht die ganze Nacht im Schnee stehen lassen. Sie müssen zurück in ihren Stall."
„Ach, das ist gar kein Problem", meint Rebecca. „In unserem Pferdestall ist genügend Platz. Dort wird es den Rentieren bestimmt gefallen."
Die Eltern haben nichts dagegen einzuwenden. Mama entscheidet: „Lars und Rebecca, ihr helft dem Weihnachtsmann, die Rentiere im Stall unterzubringen. Papa und ich bereiten inzwischen alles für die Bescherung und das Abendessen vor."

Die Kinder nehmen den Rentieren das Zaumzeug ab und führen sie in den Stall. Einen kurzen Moment wundern sich die Pferde über den ungewöhnlichen Besuch. Doch dann begrüßen sie die weit gereisten Gäste mit einem freundlichen Wiehern.

Eifrig schleppen die Kinder eine ordentliche Fuhre Heu für die Rentiere heran. Und während die Rentiere es sich schmecken lassen, bekommen die Pferde noch mal Appetit auf einen kleinen Nachschlag. Sie wiehern und schnauben so lange, bis Lars auch ihnen noch eine Portion Heu bringt.

Der Schlitten wird unters Schuppendach geschoben, da steht er gut bis morgen. Als Lars und Rebecca gemeinsam mit dem Weihnachtsmann ins Haus zurückkehren, sind die Lichter am Tannenbaum angezündet. Die ganze Familie stimmt ein Lied an und freut sich, dass auch der Weihnachtsmann mitbrummelt. Dann werden die Geschenke ausgepackt. Die Kinder überreichen den Eltern kleine Päckchen mit Geschenken, die sie in den vergangenen Wochen gebastelt haben. Und auch füreinander haben Lars und Rebecca eine Überraschung. Nur für den Weihnachtsmann haben sie nichts, stellen sie erschrocken fest. Doch der Weihnachtsmann winkt dankend ab: „Ich werde eure wunderschön gemalten Wunschzettel aufheben und immer an euch denken."

Nach der Bescherung sitzt die Familie lange beim Abendessen.
Es gibt Glühwein für die Erwachsenen und Kinderpunsch für
Lars und Rebecca.
„So etwas Gutes habe ich überhaupt noch nicht getrunken",
meint der Weihnachtsmann.
Den Rest des Abends spielen Lars und Rebecca etliche Spiele mit
dem Weihnachtsmann. Die Kinder zwinkern einander zu und
lassen den alten Mann immer mal gewinnen.

Und die Tiere draußen im Stall? Die Rentiere und die Pferde?
Die haben längst entdeckt, dass sie einander verstehen können,
auch wenn sie aus verschiedenen Ländern stammen. Und so
erzählen sie einander von ihrem Leben. Die Rentiere berichten

von den weiten Schneegebieten des hohen Nordens. Und die
Pferde erzählen, was man auf einem Bauernhof das ganze Jahr
über erleben kann. Bis sich alle, erschöpft von diesem langen,
aufregenden Tag, niederlegen und die Augen schließen.

Und auch die Kinder kuscheln sich in ihre Betten. Bevor Lars
die Augen zufallen, flüstert er: „Wenn wir unseren Freunden
erzählen, dass der Weihnachtsmann und seine Rentiere bei uns
übernachtet haben, das glaubt uns niemand."
„Ich kann es selbst noch gar nicht glauben", sagt Rebecca.
Schon ist auch sie eingeschlafen.

Ideen zum Buch
Malen, spielen, mitmachen

 Welche der zehn Geschichten hat dir am besten gefallen? Warum?

Linus hat sich immer einen grünen Traktor gewünscht. Wie sieht dein Lieblingstraktor aus? Du kannst dir einen ganz besonderen Traktor ausdenken und malen: mit Schaufel oder ohne und mit großen Felgen. Wie würdest du deinen Traktor nennen?

Hast du schon einmal Ziegenmilch probiert? Wenn es bei dir in der Nähe keinen Ziegenhof gibt, den du besuchen kannst, dann schau beim nächsten Einkauf im Milchregal nach. Bestimmt findest du dort Ziegenmilch. Nur Mut, Ziegenmilch schmeckt gut!

 Emilia hat ihr Lämmchen Finja genannt. Wenn du drei Lämmchen Namen geben dürftest, wie würden die heißen?

Viele Leute glauben, Hufeisen bringen Glück. Du kannst ausprobieren, ob das stimmt. Male Hufeisen auf Papier, schneide sie aus und verschenke sie. Beim Überreichen sagst du: „Dieses Hufeisen soll dir Glück bringen." Wenn der Beschenkte lächelt, ist das ein gutes Zeichen für kommendes Glück.

Die Tiere von Bauer Friedemann haben für ihn gesungen. Wie hat sich das wohl angehört? Kannst du gackern wie ein Huhn, miauen wie ein Kater, grunzen und quieken wie ein Schweinchen und muhen wie eine Kuh?
Welches Tier hat nicht mitgesungen? Wie hört es sich an?

Wenn Bauer Kleemann seine zwölf kleinen Schweinchen zur Fußball-Weltmeisterschaft schickt, welches soll dann der Torwart werden? Und auf welchen Positionen spielen die anderen Schweinchen?

Möchtest du auch im Theaterstück „Vom klugen Bauern und dem Teufel" mitspielen? Welche Rolle hättest du gern? Und wie würde dein Kostüm aussehen? Verkleide dich mit deinen Freunden und spielt das Stück nach!

Warst du schon mal auf einem Bauernhof? Welche Tiere hast du dort gesehen? Welches ist dein Lieblingstier? Male es auf farbiges Papier wie Mareike und ihre Freunde. Hast du selbst ein Haustier?

Möchtest du auch einmal säen und ernten wie ein Bauer? Besorge im Kaufhaus oder im Gartencenter Kressesamen. Bedecke den Boden einer kleinen Schüssel mit Watte und streue darauf die Samen. Stelle die Schüssel auf die Fensterbank und gieße jeden Tag, damit die Watte immer feucht bleibt. Schon nach wenigen Tagen kannst du beobachten, wie die Kresse wächst, und sie nach etwa einer Woche ernten.

Ingrid Annel wurde 1955 in Erfurt geboren und hat als Lehrerin, Sängerin und Leiterin eines Kinder-Orchesters gearbeitet. Sie schreibt am liebsten Märchen für Kinder im Alter von 4 bis 104 Jahren. Genauso gern liest sie ihre Geschichten vor. Dafür verkleidet sie sich als Bücherclown oder Drachenforscherin, als Dornröschens Küchenmagd oder einfach nur als Schriftstellerin.

Sonja Rörig wurde 1978 in Berlin geboren, studierte Grafik-Design und Illustration in Kassel, Leipzig und Wales. Schon als Kind liebte sie es zu malen und zu zeichnen und verschlang ein Buch nach dem anderen. Diese Leidenschaft hat sie später zu ihrem Beruf gemacht. Heute lebt sie mit ihrem Mann und ihren Kindern in Berlin und illustriert Kinderbücher.